나혼자
끝내는

**일본어
단어장**

나혼자 끝내는 일본어 단어장

지은이 넥서스콘텐츠개발팀
펴낸이 임상진
펴낸곳 (주)넥서스

초판 1쇄 발행 2017년 1월 5일
초판 27쇄 발행 2023년 9월 1일

2판 1쇄 인쇄 2024년 9월 10일
2판 1쇄 발행 2024년 9월 20일

출판신고 1992년 4월 3일 제311-2002-2호
주소 10880 경기도 파주시 지목로 5
전화 (02)330-5500 팩스 (02)330-5555

ISBN 979-11-6683-935-1 13730

출판사의 허락 없이 내용의 일부를
인용하거나 발췌하는 것을 금합니다.

가격은 뒤표지에 있습니다.
잘못 만들어진 책은 구입처에서 바꾸어 드립니다.

www.nexusbook.com

NEXUS JAPANESE

독학 맞춤형 학습 부가자료
• 원어민 MP3 •
• 단어 암기 동영상 •

나혼자 끝내는
일본어 단어장

넥서스콘텐츠개발팀 지음

넥서스

일본어 단어 암기비법

1단계 MP3를 들으며 발음 확인

먼저 MP3를 듣고, 일본어 단어의 발음을 확인하세요. 스마트폰으로 QR코드를 스캔하면 MP3 파일을 바로 들을 수 있습니다. 넥서스 홈페이지에서도 MP3 파일을 무료로 다운받을 수 있습니다.

무료 다운 www.nexusbook.com

2단계 핵심 단어에 눈도장 쾅!

001~575의 번호가 붙어 있는 핵심 단어를 먼저 외우세요. 복습할 때는 한 손으로 단어 뜻을 가리고, 일본어만 보고서 뜻을 맞춰 보세요. 복습한 단어는 체크 박스에 V 표시를 하세요.

3단계 예문 빈칸 채우기

핵심 단어를 2회 반복 암기한 다음에는 예문의 빈칸에 단어를 직접 써 보세요. 손으로 직접 써 보면 눈으로만 외우는 것보다 훨씬 기억에 오래 남습니다.

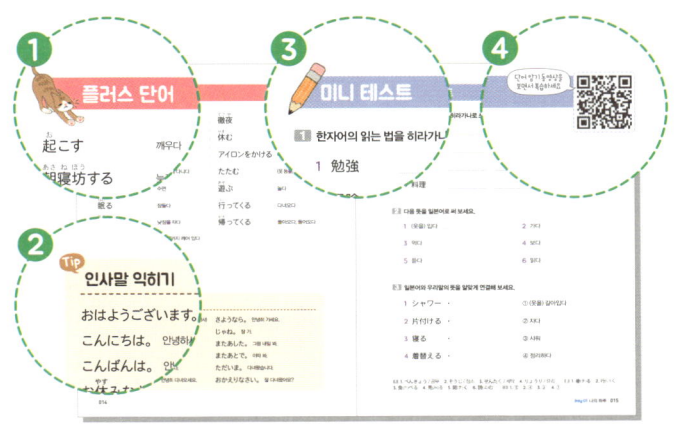

❶ ❷ 플러스 단어와 Tip으로 어휘력 보강

핵심 단어를 외운 다음에 좀 더 난이도가 있는 단어에 도전해 보세요. 일상생활에서 활용도가 높은 단어들입니다.

❸ 미니 테스트로 실력 확인

문제를 풀면서 실력을 확인해 보세요.

❹ 단어암기 동영상으로 복습

세 번 봤는데도 단어가 잘 안 외워진다고요? 그렇다면 단어암기 동영상을 무한 반복해서 보세요. 깜빡이 학습법으로 단어를 자동 암기할 수 있도록 도와줍니다.

무료 다운 www.nexusbook.com

스마트폰으로 책 속의 QR코드를 스캔하면
MP3 파일과 **단어암기 동영상**을 확인할 수 있어요.

먼저 MP3 파일을 들어 보세요.

단어암기 동영상으로 무한 반복 복습!

자가진단 독학용 학습 플래너

이 책은 30일 만에 1,700여 개의 일본어 단어를 암기할 수 있도록 구성되어 있습니다. 학습 플래너에 공부한 날짜를 적고 체크 박스에 ∨ 표시를 하며 공부하세요. 외운 단어를 잊어버리지 않는 방법은 여러 번 반복해서 외우는 것밖에 없습니다. 특히 초급 단계에서는 어휘력이 곧 일본어 실력이니 일본어를 잘하기 위해서는 단어암기가 매우 중요합니다.

우와~

공부순서  ☑ MP3 듣기 ➡ ☐ 단어 암기 ➡ ☐ 예문 빈칸 채우기 ➡ ☐ 단어암기 동영상

	Day	Page	공부한 날	복습 1회	복습 2회	복습 3회	단어암기 동영상
01	★★★ 나의 하루	010	월 일	✓	✓	✓	▶
02	★★★ 학교에서	016	월 일	✓	✓	✓	▶
03	★★★ 회사에서	024	월 일	✓	✓	✓	▶
04	★★★ 가족과 지인	030	월 일	✓	✓	✓	▶
05	★★★ 신체와 외모	036	월 일	✓	✓	✓	▶

06	**감정과 느낌 표현** ★★★	042	월 일	✓	✓	✓	▶
07	**성격 표현하기** ★★★	048	월 일	✓	✓	✓	▶
08	**사람의 인생**	054	월 일	✓	✓	✓	▶
09	**계절과 날씨**	060	월 일	✓	✓	✓	▶
10	**동물과 식물**	066	월 일	✓	✓	✓	▶
11	**우리 집** ★★★	072	월 일	✓	✓	✓	▶
12	**식생활** ★★★	078	월 일	✓	✓	✓	▶
13	**의복과 미용**	088	월 일	✓	✓	✓	▶
14	**쇼핑** ★★★	096	월 일	✓	✓	✓	▶

15	★★★ 교통 · 도로	102	월 일	✓	✓	✓	▶
16	은행, 우체국, 편의점에서	110	월 일	✓	✓	✓	▶
17	병원에서	118	월 일	✓	✓	✓	▶
18	★★★ 여행	126	월 일	✓	✓	✓	▶
19	공항에서	132	월 일	✓	✓	✓	▶
20	취미 생활	138	월 일	✓	✓	✓	▶
21	운동 · 스포츠	144	월 일	✓	✓	✓	▶
22	컴퓨터 · 인터넷	150	월 일	✓	✓	✓	▶
23	전화 · 통신	156	월 일	✓	✓	✓	▶

24	숫자와 시간 ★★★	162	월	일	✓	✓	✓	▶
25	방향과 위치	168	월	일	✓	✓	✓	▶
26	날짜 ★★★	172	월	일	✓	✓	✓	▶
27	일상생활 필수 동사 ★★★	176	월	일	✓	✓	✓	▶
28	형용사, 부사, 접속사 총정리	182	월	일	✓	✓	✓	▶
29	가타카나어, 조사 이것만은 꼭!	190	월	일	✓	✓	✓	▶
30	왕초보 필수 한자	194	월	일	✓	✓	✓	
★	스피드 인덱스	202						

공부순서: ☐ MP3 듣기 ➡ ☐ 단어 암기 ➡ ☐ 예문 빈칸 채우기 ➡ ☐ 단어암기 동영상

나의 하루

MP3를 들어보세요

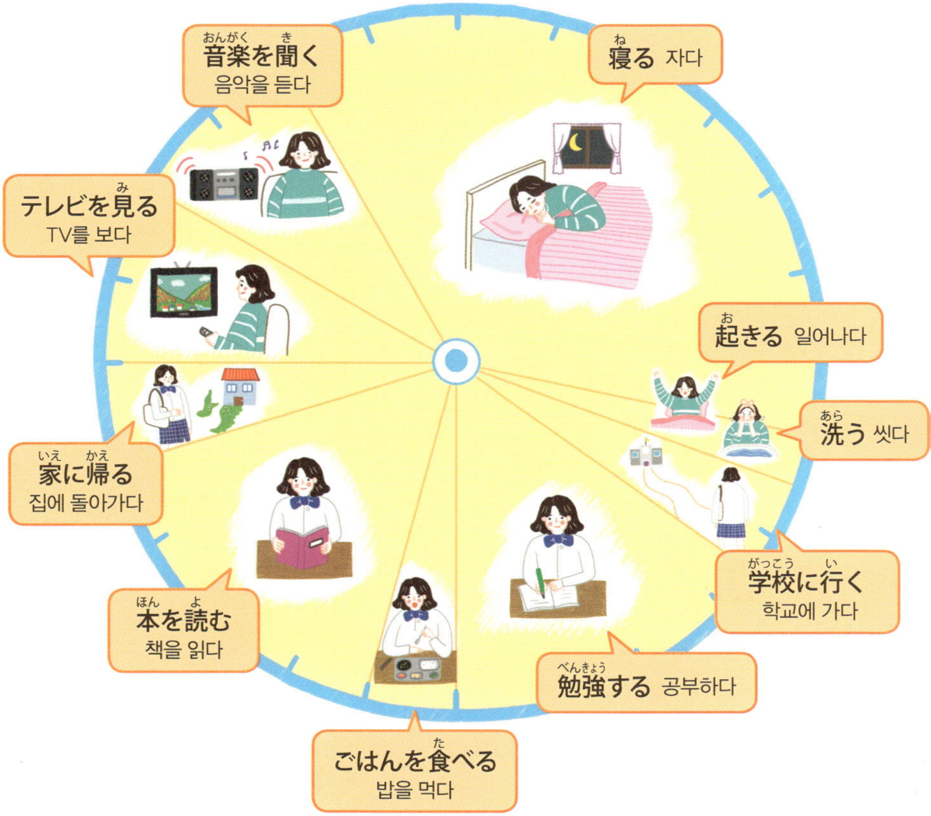

- 音楽を聞く 음악을 듣다
- 寝る 자다
- テレビを見る TV를 보다
- 起きる 일어나다
- 洗う 씻다
- 家に帰る 집에 돌아가다
- 学校に行く 학교에 가다
- 本を読む 책을 읽다
- 勉強する 공부하다
- ごはんを食べる 밥을 먹다

001	目覚（めざ）める	(잠에서) 깨다 N1	朝早（あさはや）く _____ 。 아침 일찍 잠을 깨다.
002	起（お）きる	일어나다 N5	毎朝（まいあさ）7時（じ）に _____ ます。 매일 아침 7시에 일어납니다.
003	洗（あら）う	씻다 N5	顔（かお）を _____ ている。 세수를 하고 있다.
004	磨（みが）く	이를 닦다, 양치질하다 N5	歯（は）を _____ ましたか。 양치질을 했어요?
005	着（き）る	입다 N4	服（ふく）を _____ 。 옷을 입다.
006	行（い）く	가다 N5	学校（がっこう）に _____ ます。 학교에 갑니다.
007	来（く）る	오다 N5	3時（じ）に友達（ともだち）が _____ ます。 3시에 친구가 옵니다.

Hint 002 起（お）き　003 洗（あら）っ　004 磨（みが）き　006 行（い）き　007 来（き）

Day 01 나의 하루

015 ☐☐☐	かたづ 片付ける	치우다, 정리하다 N4	部屋を [____] てください。 방을 정리해 주세요.
016 ☐☐☐	せんたく 洗濯	세탁, 빨래 N4	[____] を 2 回する。 빨래를 두 번 한다.
017 ☐☐☐	そうじ 掃除	청소 N4	きれいに [____] しましょう。 깨끗이 청소합시다.
018 ☐☐☐	りょうり 料理	요리 N5	彼女は [____] が上手だ。 그녀는 요리를 잘한다.
019 ☐☐☐	べんきょう 勉強する	공부하다 N5	日本語を [____]。 일본어를 공부하다.
020 ☐☐☐	きが 着替える	(옷을) 갈아입다 N2	パジャマに [____] た。 잠옷으로 갈아입었다.
021 ☐☐☐	ね 寝る	자다 N5	[____] 前に歯を磨く。 자기 전에 이를 닦는다.

Hint 015 片付け 020 着替え

플러스 단어

起こす	깨우다	徹夜	철야, 밤샘
朝寝坊する	늦잠 자다	休む	쉬다, 휴식하다
お風呂に入る	목욕하다	アイロンをかける	다림질하다
ジムに通う	헬스장에 다니다	たたむ	(옷 등을) 개다
睡眠	수면	遊ぶ	놀다
眠る	잠들다	行ってくる	다녀오다
昼寝をする	낮잠을 자다	帰ってくる	돌아오다, 들어오다
夜更かしする	밤늦게까지 깨어 있다		

Tip 인사말 익히기

おはようございます。 안녕하세요.(아침 인사)
こんにちは。 안녕하세요.(낮 인사)
こんばんは。 안녕하세요.(밤 인사)
お休みなさい。 안녕히 주무세요.
行ってきます。 다녀오겠습니다.
行ってらっしゃい。 안녕히 다녀오세요.

さようなら。 안녕히 가세요.
じゃね。 잘 가.
またあした。 그럼 내일 봐.
またあとで。 이따 봐.
ただいま。 다녀왔습니다.
おかえりなさい。 잘 다녀왔어요?

1 한자어의 읽는 법을 히라가나로 쓰고, 뜻을 적어 보세요.

1 勉強 _____ _____

2 掃除 _____ _____

3 洗濯 _____ _____

4 料理 _____ _____

2 다음 뜻을 일본어로 써 보세요.

1 (옷을) 입다 _____   2 가다 _____

3 먹다 _____   4 보다 _____

5 듣다 _____   6 읽다 _____

3 일본어와 우리말의 뜻을 알맞게 연결해 보세요.

1 シャワー ・   ① (옷을) 갈아입다

2 片付ける ・   ② 자다

3 寝る ・   ③ 샤워

4 着替える ・   ④ 정리하다

---

1 1. べんきょう / 공부 2. そうじ / 청소 3. せんたく / 세탁 4. りょうり / 요리   **2** 1. 着(き)る 2. 行(い)く 3. 食(た)べる 4. 見(み)る 5. 聞(き)く 6. 読(よ)む   **3** 1. ③ 2. ④ 3. ② 4. ①

공부순서 ☐ MP3 듣기 ➡ ☐ 단어 암기 ➡ ☐ 예문 빈칸 채우기 ➡ ☐ 단어암기 동영상

학교에서

🎧 MP3를 들어보세요

つくえ
机 책상

いす
椅子 의자

ほん
本 책

ノート 노트

きょう か しょ
教科書 교과서

えんぴつ
鉛筆 연필

消しゴム 지우개

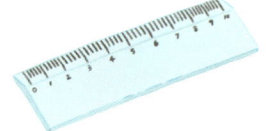
定規 자

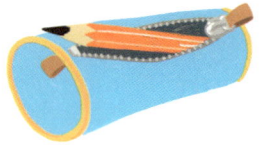
筆箱 필통(=筆入れ)

折り紙 색종이

はさみ 가위

セロテープ 스카치테이프

のり 풀

黒板 칠판

掲示板 게시판

#	日本語	韓国語	レベル
022	がっこう **学校**	학교	N5
023	がくせい **学生**	학생	N5
024	しゅくだい **宿題**	숙제	N5
025	にゅうがく **入学する**	입학하다	N4
026	そつぎょう **卒業する**	졸업하다	N4
027	おし **教える**	가르치다	N5
028	きょうしつ **教室**	교실	N5

＿＿＿＿＿に行く。
학교에 가다.

クラスの＿＿＿＿＿は 25 人です。
반 학생은 25명입니다.

今日は＿＿＿＿＿がありません。
오늘은 숙제가 없습니다.

今年、小学校に＿＿＿＿＿します。
올해 초등학교에 입학합니다.

去年、大学を＿＿＿＿＿しました。
작년에 대학을 졸업했습니다.

この問題を＿＿＿＿＿てください。
이 문제를 가르쳐 주세요.

＿＿＿＿＿では静かにしてください。
교실에서는 조용히 해 주세요.

Hint 025 入学(にゅうがく)　026 卒業(そつぎょう)　027 教え(おし)　029 発表(はっぴょう)

| 029 | 発表する
はっぴょう | 발표하다
N3 | 前の人から ___ してください。
앞 사람부터 발표해 주세요. |

029 発表する (はっぴょう) 발표하다 N3
前(まえ)の人(ひと)から ___ してください。
앞 사람부터 발표해 주세요.

030 ～時間目 (じかんめ) ～교시 N5
1 ___ は国語(こくご)の時間(じかん)です。
1교시는 국어 시간입니다.

031 辞書 (じしょ) 사전 N5
___ をひく。
사전을 찾다.

032 答える (こたえる) 대답하다 N5
質問(しつもん)に ___ 。
질문에 대답하다.

Tip 과목

国語 (こくご)	국어	科学 (かがく)	과학	外国語 (がいこくご)	외국어
作文 (さくぶん)	작문	化学 (かがく)	화학	英語 (えいご)	영어
社会 (しゃかい)	사회	物理 (ぶつり)	물리	韓国語 (かんこくご)	한국어
国史 (こくし)	국사	美術 (びじゅつ)	미술	日本語 (にほんご)	일본어
世界史 (せかいし)	세계사	音楽 (おんがく)	음악	経済学 (けいざいがく)	경제학
地理 (ちり)	지리	哲学 (てつがく)	철학	心理学 (しんりがく)	심리학
歴史 (れきし)	역사	倫理 (りんり)	윤리	工学 (こうがく)	공학
数学 (すうがく)	수학	体育 (たいいく)	체육	文学 (ぶんがく)	문학

| 033 | 授業 (じゅぎょう) | 수업 | N4 |

英語の _____ は2時からです。
영어 수업은 2시부터입니다.

| 034 | 呼ぶ (よぶ) | 부르다 | N5 |

これから名前を _____ ます。
지금부터 이름을 부르겠습니다.

| 035 | 習う (ならう) | 배우다 | N5 |

中国語を _____ ています。
중국어를 배우고 있어요.

| 036 | わかる | 알다, 이해하다 | N5 |

よく _____ ません。
잘 모르겠어요.

| 037 | 知る (しる) | 알다 | N4 |

彼の名前を _____ ていますか。
그의 이름을 알아요?

| 038 | 講義 (こうぎ) | 강의 | N4 |

あの先生の _____ はすばらしい。
저 선생님의 강의는 훌륭하다.

| 039 | 試験 (しけん) | 시험 | N4 |

_____ を受ける。
시험을 보다.

Hint 034 呼び　035 習っ　036 わかり　037 知っ

#	단어	뜻	예문
040	始(はじ)まる	시작되다 (N5)	試験(しけん)はいつから_____ますか。 시험은 언제부터 시작됩니까?
041	終(お)わる	끝나다 (N5)	授業(じゅぎょう)は4時(よじ)に_____ます。 수업은 4시에 끝납니다.
042	欠席(けっせき)する	결석하다 (N4)	彼(かれ)は_____しました。 그 사람은 결석했습니다.
043	難(むずか)しい	어렵다 (N5)	試験(しけん)は_____たです。 시험은 어려웠어요.
044	易(やさ)しい	쉽다 (N4)	この問題(もんだい)は_____くありません。 이 문제는 쉽지 않습니다.
045	簡単(かんたん)だ	간단하다 (N4)	テストは_____じゃありません。 시험은 간단하지 않습니다.
046	覚(おぼ)える	외우다, 기억하다 (N5)	人(ひと)の名前(なまえ)をよく_____。 다른 사람의 이름을 잘 기억한다.

Hint 040 始(はじ)まり 041 終(お)わり 042 欠席(けっせき) 043 難(むずか)しかっ 044 易(やさ)し 045 簡単(かんたん)

Day 02 학교에서

플러스 단어

保育園	어린이집, 보육원
幼稚園	유치원
小学校	초등학교
中学校	중학교
高校	고등학교
大学	대학교
食堂	식당
寮	기숙사
塾	(보충·사설) 학원
教育	교육
レポート	리포트, 보고서
成績	성적
通知表	통지표
奨学金	장학금
学位	학위
単位	단위, 학점
複数専攻	복수 전공
研究	연구
予習	예습
復習	복습
運動会	운동회
修学旅行	수학여행
遠足	소풍
中間テスト	중간고사
期末テスト	기말고사
同窓会	동창회
夏休み	여름 방학
冬休み	겨울 방학
サークル	동아리
部活	서클 활동, 동아리 활동

미니 테스트

단어 암기 동영상을 보면서 복습하세요

1 한자어의 읽는 법을 히라가나로 쓰고, 뜻을 적어 보세요.

1 学生 _____ _____

2 授業 _____ _____

3 講義 _____ _____

4 試験 _____ _____

2 다음 뜻을 일본어로 써 보세요.

1 가르치다 _____   2 부르다 _____

3 배우다 _____   4 대답하다 _____

5 끝나다 _____   6 알다, 이해하다 _____

3 일본어와 우리말의 뜻을 알맞게 연결해 보세요.

1 辞書 ・   ① 발표하다

2 始まる ・   ② 사전

3 発表する ・   ③ 결석하다

4 欠席する ・   ④ 시작되다

---

1 1. がくせい / 학생 2. じゅぎょう / 수업 3. こうぎ / 강의 4. しけん / 시험 **2** 1. 教(おし)える
2. 呼(よ)ぶ 3. 習(なら)う 4. 答(こた)える 5. 終(お)わる 6. わかる **3** 1. ② 2. ④ 3. ① 4. ③

회사에서

MP3를 들어보세요

<ruby>先生<rt>せんせい</rt></ruby> 선생님

<ruby>医師<rt>いし</rt></ruby> 의사

<ruby>警察官<rt>けいさつかん</rt></ruby> 경찰관

<ruby>消防士<rt>しょうぼうし</rt></ruby> 소방관

<ruby>美容師<rt>びようし</rt></ruby> 미용사

<ruby>料理人<rt>りょうりにん</rt></ruby> 요리사

| 054 | 資料 (しりょう) | 자료 | N3 |

<ruby>資料<rt>しりょう</rt></ruby>を<ruby>見<rt>み</rt></ruby>てください。
자료를 봐 주십시오.

| 055 | 忙しい (いそがしい) | 바쁘다 | N5 |

<ruby>会社<rt>かいしゃ</rt></ruby>はいつも忙しいです。
회사는 항상 바쁩니다.

| 056 | 出勤 (しゅっきん) | 출근 | N3 |

<ruby>彼<rt>かれ</rt></ruby>は<ruby>来週<rt>らいしゅう</rt></ruby>から出勤します。
그는 다음 주부터 출근합니다.

| 057 | 残業 (ざんぎょう) | 야근, 잔업 | N3 |

<ruby>今日<rt>きょう</rt></ruby>は残業しなければなりません。 오늘은 야근해야 합니다.

| 058 | 出張 (しゅっちょう) | 출장 | N2 |

<ruby>中国<rt>ちゅうごく</rt></ruby>に出張する。
중국에 출장 가다.

| 059 | 疲れる (つかれる) | 피곤하다, 지치다 | N2 |

<ruby>昨日<rt>きのう</rt></ruby>は<ruby>残業<rt>ざんぎょう</rt></ruby>で疲れました。
어제는 야근해서 피곤했습니다.

| 060 | 給料 (きゅうりょう) | 급료, 월급 | N3 |

給料は<ruby>高<rt>たか</rt></ruby>いほうです。
월급은 높은 편입니다.

Hint 059 疲れ(つか)

061	説明する　せつめい	설명하다 N4	ゆっくり _____ してください。 천천히 설명해 주세요.
062	確認する　かくにん	확인하다 N3	これから _____ します。 지금부터 확인하겠습니다.
063	メモ	메모 N2	_____ をする。 메모를 하다.
064	伝える　つた	전하다, 알리다 N4	用件を _____ 。 용건을 전달하다.
065	送る　おく	보내다 N4	メールを _____ 。 메일을 보내다.
066	連絡する　れんらく	연락하다 N4	明日また _____ します。 내일 다시 연락하겠습니다.
067	アルバイト	아르바이트 N4	日曜日は _____ をしています。 일요일에는 아르바이트를 하고 있습니다.

Hint　061 説明　062 確認　066 連絡

Day 03　회사에서

플러스 단어

企業 (きぎょう)	기업	勤務 (きんむ)	근무
名刺を渡す (めいしをわたす)	명함을 건네다	手当て (てあて)	수당
休暇をとる (きゅうか)	휴가를 내다	年収 (ねんしゅう)	연 수입, 연봉
スケジュール	스케줄	ボーナス	보너스
予定 (よてい)	예정	契約 (けいやく)	계약
昇進 (しょうしん)	승진	パート	파트타이머
辞職 (じしょく)	사직	共働き (ともばたらき)	맞벌이
面接 (めんせつ)	면접	くびになる	해고되다
履歴書 (りれきしょ)	이력서	辞表を出す (じひょうをだす)	사표를 내다

Tip 직업

会社員 (かいしゃいん)	회사원	芸能人 (げいのうじん)	연예인
公務員 (こうむいん)	공무원	歌手 (かしゅ)	가수
銀行員 (ぎんこういん)	은행원	運動選手 (うんどうせんしゅ)	운동선수
看護師 (かんごし)	간호사	教授 (きょうじゅ)	교수
弁護士 (べんごし)	변호사	主婦 (しゅふ)	주부
会計士 (かいけいし)	회계사	デザイナー	디자이너
画家 (がか)	화가	フリーランサー	프리랜서

1 한자어의 읽는 법을 히라가나로 쓰고, 뜻을 적어 보세요.

1 仕事　_____　_____

2 残業　_____　_____

3 資料　_____　_____

4 説明　_____　_____

2 다음 뜻을 일본어로 써 보세요.

1 아르바이트 _____　　2 근무하다 _____

3 보내다 _____　　4 출장 _____

5 바쁘다 _____　　6 급료, 월급 _____

3 일본어와 우리말의 뜻을 알맞게 연결해 보세요.

1 働く　・　　　　　① 전하다

2 伝える　・　　　　② 일하다

3 確認　・　　　　　③ 메모

4 メモ　・　　　　　④ 확인

1 1. しごと / 일, 업무　2. ざんぎょう / 야근, 잔업　3. しりょう / 자료　4. せつめい / 설명　**2** 1. アルバイト
2. 勤(つと)める　3. 送(おく)る　4. 出張(しゅっちょう)　5. 忙(いそが)しい　6. 給料(きゅうりょう)　**3** 1. ②
2. ①　3. ④　4. ③

Day 04

공부 순서: ☐ MP3 듣기 ➡ ☐ 단어 암기 ➡ ☐ 예문 빈칸 채우기 ➡ ☐ 단어암기 동영상

가족과 지인

MP3를 들어보세요

おじいさん / 祖父(そふ)
할아버지

おばあさん / 祖母(そぼ)
할머니

お父(とう)さん / 父(ちち)
아버지

お母(かあ)さん / 母(はは)
어머니

お兄(にい)さん / 兄(あに) 형, 오빠
お姉(ねえ)さん / 姉(あね) 누나, 언니

私(わたし) 나, 저

妹(いもうと) 여동생
弟(おとうと) 남동생

| 068 | 家族 かぞく | 가족 N5 |

何人_{なんにん} ですか。
가족은 몇 명이에요?

| 069 | おじいさん | 할아버지 ★祖父_{そふ} N5 |

はおいくつですか。
할아버지는 몇 살이세요?

| 070 | おばあさん | 할머니 ★祖母_{そぼ} N5 |

といっしょに住_すんでいますか。 할머니와 같이 사세요?

| 071 | 両親 りょうしん | 부모님, 양친 N4 |

ご はお元気_{げんき}ですか。
부모님은 건강하세요?

| 072 | お父さん とう | 아버지 ★父_{ちち} N5 |

は会社員_{かいしゃいん}です。
아버지는 회사원입니다.

| 073 | お母さん かあ | 어머니 ★母_{はは} N5 |

は部屋_{へや}を掃除_{そうじ}しています。
엄마는 방을 청소하고 있습니다.

| 074 | 兄弟 きょうだい | 형제 N5 |

はいますか。
형제는 있나요?

★ 다른 사람에게 자신의 가족에 대해 말할 때는 이렇게 말합니다.

Day 04 가족과 지인 031

| 075 | お兄さん (にい) | 형, 오빠 ★兄 (あに) N5 |

お兄さんもいますか。
오빠도 있어요?

| 076 | お姉さん (ねえ) | 누나, 언니 ★姉 (あね) N5 |

山田さんのお姉さんはきれいです。
야마다 씨의 누나는 예뻐요.

| 077 | 弟 (おとうと) | 남동생 N5 |

弟は中学校に通っています。
남동생은 중학교에 다니고 있습니다.

| 078 | 妹 (いもうと) | 여동생 N5 |

妹は来年、高校を卒業します。
여동생은 내년에 고등학교를 졸업합니다.

| 079 | 親戚 (しんせき) | 친척 N3 |

親戚はプサンにいます。
친척은 부산에 있어요.

| 080 | 子供 (こども) | 어린이, 아이 N5 |

子供はどこにいますか。
아이는 어디에 있나요?

Tip
일본에서는 お兄さん(형, 오빠)이나 お姉さん(누나, 언니)이란 말을 자신의 친형제에게만 사용하며, 한국에서처럼 자기보다 연장자에게 두루 사용하지는 않습니다. 마찬가지로 弟 와 妹 도 친동생을 칭할 때에만 사용합니다.

| 081 | むすこ 息子 | 아들 N3 | ✎ _____ が一人（ひとり）います。
아들이 한 명 있어요. |

| 082 | むすめ 娘 | 딸 N4 | 週末（しゅうまつ）は _____ と公園（こうえん）に行（い）きます。
주말에는 딸하고 공원에 갈 거예요. |

| 083 | ともだち 友達 | 친구 N5 | _____ といっしょに帰（かえ）りました。
친구랑 같이 돌아갔습니다. |

| 084 | こいびと 恋人 | 연인, 애인 N3 | 友達（ともだち）じゃなくて _____ です。
친구가 아니라 애인이에요. |

| 085 | ふうふ 夫婦 | 부부 N3 | その _____ には子供（こども）がいない。
그 부부는 아이가 없다. |

| 086 | せんぱい 先輩 | 선배 N4 | _____ がいろいろ教（おし）えてくれました。 선배가 여러 가지 가르쳐 주었습니다. |

| 087 | こうはい 後輩 | 후배 N3 | 彼女（かのじょ）は高校（こうこう）の _____ です。
그녀는 고등학교 후배입니다. |

Day 04 가족과 지인

플러스 단어

親(おや)	부모	甥(おい)	조카
姉妹(しまい)	자매	姪(めい)	조카딸
長男(ちょうなん)	장남, 큰아들	孫(まご)	손자, 손녀
長女(ちょうじょ)	장녀, 큰딸	身内(みうち)	집안, 일가, 가족
次男(じなん)	차남, 둘째 아들	同僚(どうりょう)	동료
次女(じじょ)	차녀, 둘째 딸	同期(どうき)	동기
ひとり息子(むすこ)	외아들, 외동아들	年上(としうえ)	연상
ひとり娘(むすめ)	외동딸	年下(としした)	연하
末(すえ)っ子(こ)	막내	同(おな)い年(どし)	동갑
婿(むこ)	사위, 신랑	同級生(どうきゅうせい)	동급생, 같은 반 친구
嫁(よめ)	며느리, 아내	親友(しんゆう)	친구, 친한 벗
姑(しゅうとめ)	시어머니	仲間(なかま)	한패, 동료, 친구
舅(しゅうと)	시아버지	知(し)り合(あ)い	지인, 아는 사람
いとこ	사촌	他人(たにん)	타인

 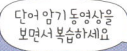 

1 한자어의 읽는 법을 히라가나로 쓰고, 뜻을 적어 보세요.

1 家族 _____ _____

2 友達 _____ _____

3 恋人 _____ _____

4 後輩 _____ _____

2 다음 뜻을 일본어로 써 보세요.

1 할아버지 _____   2 어머니 _____

3 형제 _____   4 누나, 언니 _____

5 남동생 _____   6 딸 _____

3 일본어와 우리말의 뜻을 알맞게 연결해 보세요.

1 先輩 ·   ① 부모님

2 親戚 ·   ② 아들

3 両親 ·   ③ 선배

4 息子 ·   ④ 친척

1 1. かぞく / 가족 2. ともだち / 친구 3. こいびと / 연인, 애인 4. こうはい / 후배   **2** 1. おじいさん
2. お母(かあ)さん 3. 兄弟(きょうだい) 4. お姉(ねえ)さん 5. 弟(おとうと) 6. 娘(むすめ)   **3** 1. ③ 2. ④
3. ① 4. ②

Day 05

공부순서: ☐ MP3 듣기 ➡ ☐ 단어 암기 ➡ ☐ 예문 빈칸 채우기 ➡ ☐ 단어암기 동영상

신체와 외모

MP3를 들어보세요

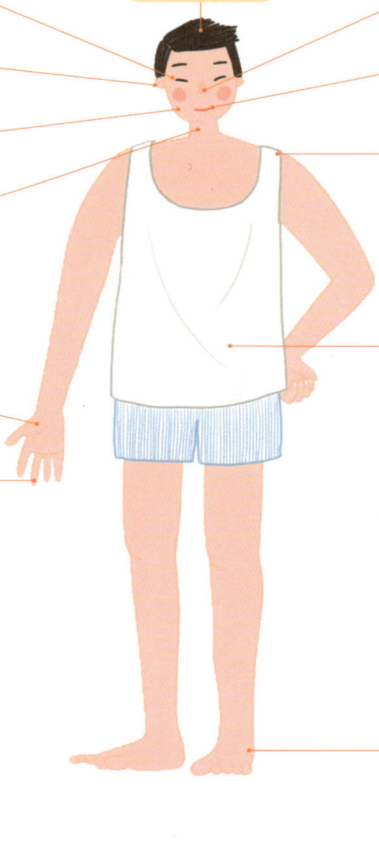

- 目(め) 눈
- 耳(みみ) 귀
- 顔(かお) 얼굴
- 首(くび) 목
- 頭(あたま) 머리
- 鼻(はな) 코
- 口(くち) 입
- 肩(かた) 어깨
- お腹(なか) 배
- 手(て) 손
- 指(ゆび) 손가락
- 足(あし) 발

#	単語	意味	例文
088	からだ 体	몸, 신체 (N3)	タバコは **体** によくない。 담배는 몸에 좋지 않다.
089	あたま 頭	머리 (N5)	朝から **頭** が痛い。 아침부터 머리가 아프다.
090	かお 顔	얼굴 (N5)	**顔** を洗って歯を磨いた。 세수하고 이를 닦았다. ★ 顔(かお)を洗(あら)う 세수하다
091	おお 大きい	크다 (N5)	彼は体が **大きい**。 그는 몸집이 크다.
092	ちい 小さい	작다 (N5)	彼女は顔が **小さい**。 그녀는 얼굴이 작다.
093	め 目	눈 (N5)	きれいな **目** をしている。 예쁜 눈을 갖고 있다.
094	はな 鼻	코 (N5)	**鼻** は父に似ています。 코는 아빠를 닮았어요. ★ ～に似(に)ている ～을 닮다

095	背 せ	키 N4	✏️ ___ は何(なん)センチですか。 키는 몇 센티예요?
096	高(たか)い	높다 N5	背(せ)が ___ 人(ひと)が好(す)きです。 키가 큰 사람을 좋아해요. ★ '(값이) 비싸다'라는 뜻도 있습니다. ▶291
097	低(ひく)い	낮다 N5	小学生(しょうがくせい)の時(とき)は背(せ)が ___ たです。 초등학생 때는 키가 작았어요.
098	髪(かみ)	머리카락 N4	毎朝(まいあさ)、 ___ を洗(あら)っています。 매일 아침 머리를 감습니다. ★ 髪(かみ)を洗(あら)う 머리를 감다
099	手(て)	손 N5	自分(じぶん)の ___ で作(つく)りました。 제 손으로 만들었어요.
100	足(あし)	발 N5	___ のサイズは24(にじゅうよん)です。 발 사이즈는 240입니다.
101	身長(しんちょう)	신장, 키 N3	___ は170(ひゃくななじゅっ)センチです。 신장은 170센티입니다.

Hint　097 低(ひく)かっ

#	単語	意味	例文
102	体重(たいじゅう)	체중, 몸무게 / N3	____は何(なん)キロですか。 체중은 몇 킬로그램입니까?
103	太る(ふとる)	살찌다 / N4	最近(さいきん)、____た? 요즘 살쪘어?
104	やせる	여위다, 살이 빠지다 / N4	ダイエットして3(さん)キロ____た。 다이어트해서 3킬로 살이 빠졌다.
105	かわいい	귀엽다 / N5	家(いえ)に____犬(いぬ)がいます。 집에 귀여운 개가 있어요.
106	きれいだ	예쁘다, 깨끗하다 / N5	手(て)が____ですね。 손이 예쁘네요.
107	ハンサムだ	잘생기다 / N2	彼(かれ)は背(せ)が高(たか)くて____です。 그는 키가 크고 잘생겼습니다.
108	格好いい(かっこういい)	멋지다, 멋있다 / N4	父(ちち)はいつも____。 아빠는 언제나 멋있다.

Hint 103 太っ 104 やせ 106 きれい 107 ハンサム

Day 05 신체와 외모

플러스 단어

首(くび)	목	顎(あご)	턱
肩(かた)	어깨	ひげ	수염
口(くち)	입	ほくろ	점
耳(みみ)	귀	えくぼ	보조개
背中(せなか)	등	しわ	주름
お腹(なか)	배	しみ	기미
指(ゆび)	손가락	へそ	배꼽
歯(は)	이, 치아	爪(つめ)を切(き)る	손톱을 자르다
のど	목구멍	長(なが)い	(길이가) 길다
瞳(ひとみ)	눈동자	短(みじか)い	(길이가) 짧다
二重(ふたえ)	쌍꺼풀	タイプ	타입
眉毛(まゆげ)	눈썹	第一印象(だいいちいんしょう)	첫인상
頬(ほお)	볼	男(おとこ)らしい	남자답다
唇(くちびる)	입술	女(おんな)らしい	여성스럽다
舌(した)	혀	化粧(けしょう)する	화장하다

미니 테스트

단어 암기 동영상을 보면서 복습하세요

1 한자어의 읽는 법을 히라가나로 쓰고, 뜻을 적어 보세요.

1 体 _____ _____

2 顔 _____ _____

3 鼻 _____ _____

4 身長 _____ _____

2 다음 뜻을 일본어로 써 보세요.

1 키가 크다 _____   2 손 _____

3 발 _____   4 작다 _____

5 귀엽다 _____   6 예쁘다, 깨끗하다 _____

3 일본어와 우리말의 뜻을 알맞게 연결해 보세요.

1 体重　·　　　　　　　　① 살이 빠지다

2 やせる　·　　　　　　　② 멋지다

3 格好いい　·　　　　　　③ (높이가) 낮다

4 低い　·　　　　　　　　④ 체중

---

1 1. からだ / 몸, 신체　2. かお / 얼굴　3. はな / 코　4. しんちょう / 신장, 키　**2** 1. 背(せ)が高(たか)い
2. 手(て)　3. 足(あし)　4. 小(ちい)さい　5. かわいい　6. きれいだ　**3** 1. ④　2. ①　3. ②　4. ③

Day 05 신체와 외모　041

공부 순서: ☐ MP3 듣기 ➡ ☐ 단어 암기 ➡ ☐ 예문 빈칸 채우기 ➡ ☐ 단어암기 동영상

감정과 느낌 표현

🎧 MP3를 들어보세요

(*^o^*)
うれしい 기쁘다

(´;ω;`)
悲(かな)しい 슬프다

(๑>‿<๑)
笑(わら)う 웃다

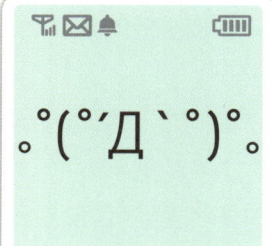
泣(な)く 울다

∑(-`д´-๑)
怒(おこ)る 화내다

驚(おどろ)く 놀라다

#	日本語	한국어	例文
109	うれしい	기쁘다 (N4)	会って です。 만나서 기뻐요(반가워요).
110	楽(たの)しい	즐겁다 (N5)	パーティーは た。 파티는 즐거웠다.
111	面白(おもしろ)い	재미있다 (N5)	昨日(きのう)、 映画(えいが)を見(み)た。 어제 재미있는 영화를 봤다.
112	笑(わら)う	웃다 (N4)	お母(かあ)さんは私(わたし)を見(み)て た。 엄마는 나를 보고 웃었다.
113	好(す)きだ	좋아하다 (N5)	面白(おもしろ)い人(ひと)が です。 재미있는 사람이 좋아요.
114	ほしい	갖고 싶다, 원하다 (N4)	新(あたら)しいかばんが 。 새 가방을 갖고 싶다.
115	喜(よろこ)ぶ	기뻐하다 (N4)	合格(ごうかく)を 。 합격을 기뻐하다.

Hint 110 楽(たの)しかっ 112 笑(わら)っ 113 好(す)き

Day 06 감정과 느낌 표현

#	単語	의미	例文
116	悲(かな)しい	슬프다 (N4)	最近(さいきん)、何(なん)だか悲しい。 요즘 왠지 슬프다.
117	寂(さび)しい	외롭다, 쓸쓸하다 (N4)	一人(ひとり)で寂しい。 혼자라 외롭다.
118	怖(こわ)い	무섭다 (N4)	地震(じしん)が怖い。 지진이 무섭다.
119	嫌(きら)いだ	싫어하다 (N5)	嫌いな食(た)べ物(もの)はありませんか。 싫어하는 음식은 없나요?
120	不安(ふあん)だ	불안하다 (N2)	未来(みらい)が不安だ。 미래가 불안하다.
121	心配(しんぱい)する	걱정하다 (N4)	両親(りょうしん)はいつも私(わたし)のことを心配している。 부모님은 항상 나를 걱정하신다.
122	困(こま)る	곤란하다 (N5)	それは困ります。 그건 곤란합니다.

Hint 119 嫌(きら)い 121 心配(しんぱい) 122 困(こま)り

#	単語	意味	例文
123	幸せだ	행복하다 (N3)	あなたは _____ と思いますか。 당신은 행복하다고 생각합니까?
124	恥ずかしい	부끄럽다 (N4)	成績が悪くて _____ 。 성적이 나빠서 부끄럽다.
125	驚く	놀라다 (N4)	大きな音で _____ た。 큰 소리에 깜짝 놀랐다.
126	怒る	화내다 (N4)	彼女は _____ と怖い。 그녀는 화가 나면 무섭다.
127	泣く	울다 (N4)	そんなことで _____ な。 그런 일로 울지 마라.
128	つまらない	시시하다, 재미없다 (N4)	これ、_____ ものですが。 이거 별거 아닙니다만…….
129	悔しい	분하다 (N3)	ゲームに負けて _____ です。 게임에 져서 분합니다.

Hint 123 幸せだ　125 驚い

Day 06 감정과 느낌 표현

플러스 단어

楽しむ	즐기다	頭に来る	화가 나다
うらやましい	부럽다, 샘나다	むかつく	화나다, 열이 받다
嫉妬する	질투하다	大好きだ	아주 좋아하다
ほほえむ	미소 짓다	大嫌いだ	아주 싫어하다
涙が出る	눈물이 나오다	苦しい	괴롭다, 고통스럽다
悲しむ	슬퍼하다	恐れる	두려워하다
絶望する	절망하다	後悔する	후회하다
がっかりする	실망하다	安心だ	안심이다
飽きる	질리다, 싫증나다	憎む	미워하다, 증오하다
うんざりする	지긋지긋하다	緊張する	긴장하다
かわいそうだ	불쌍하다	慌てる	당황하다, 허둥대다
退屈だ	지루하다, 무료하다	びっくりする	(깜짝) 놀라다
腹を立てる	화를 내다		

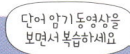

1 한자어의 읽는 법을 히라가나로 쓰고, 뜻을 적어 보세요.

1 不安　_____　_____

2 心配　_____　_____

3 楽しい　_____　_____

4 好きだ　_____　_____

2 다음 뜻을 일본어로 써 보세요.

1 싫어하다 _____　　2 슬프다 _____

3 외롭다 _____　　4 무섭다 _____

5 행복하다 _____　　6 화내다 _____

3 일본어와 우리말의 뜻을 알맞게 연결해 보세요.

1 困る　　・　　　　　① 놀라다

2 恥ずかしい　・　　　　② 부끄럽다

3 驚く　　・　　　　　③ 곤란하다

4 泣く　　・　　　　　④ 울다

---

1 1. ふあん / 불안　2. しんぱい / 걱정　3. たのしい / 즐겁다　4. すきだ / 좋아하다　**2** 1. 嫌(きら)いだ
2. 悲(かな)しい　3. 寂(さび)しい　4. 怖(こわ)い　5. 幸(しあわ)せだ　6. 怒(おこ)る　**3** 1.③　2.②　3.①　4.④

Day 07

 공부 순서: ☐ MP3 듣기 ➡ ☐ 단어 암기 ➡ ☐ 예문 빈칸 채우기 ➡ ☐ 단어암기 동영상

성격 표현하기

🎧 MP3를 들어보세요

親切だ 친절하다
(しんせつ)

厳しい 엄하다, 엄격하다
(きび)

真面目だ 성실하다
(まじめ)

明るい 밝다
(あか)

暗い 어둡다
(くら)

立派だ 훌륭하다
(りっぱ)

#	単語	意味	例文
137	明るい	밝다 (N5)	妻は性格が___くていいです。 아내는 성격이 밝고 좋습니다.
138	暗い	어둡다 (N5)	あの女性は性格が___。 저 여자는 성격이 어둡다.
139	おとなしい	온순하다, 얌전하다 (N4)	隣の子は___です。 옆집 아이는 얌전합니다.
140	礼儀正しい	예의 바르다 (N2)	___子に育つ。 예의 바른 아이로 자라다.
141	素直だ	순진하다, 솔직하다 (N3)	___に答える。 솔직하게 대답하다.
142	穏やかだ	온화하다, 평온하다 (N2)	___な性格です。 온화한 성격입니다.
143	ずるい	교활하다 (N2)	あの男は___て嫌いだ。 저 남자는 교활해서 싫다.

Hint 137 明る 141 素直 142 穏やか 143 ずるく

#	単語	意味	例文
144	ちょうしょ **長所** (N3)	장점	自分の性格の_____は何ですか。 본인 성격의 장점은 무엇입니까?
145	たんしょ **短所** (N2)	단점	私の_____は気が小さいところです。 제 단점은 소심한 것입니다.
146	なまいき **生意気だ** (N2)	건방지다, 주제넘다	_____な後輩が入りました。 건방진 후배가 들어왔습니다.
147	あたた **温かい** (N3)	따뜻하다	先生は_____心を持っています。 선생님은 따뜻한 마음씨를 가졌습니다.
148	つめ **冷たい** (N4)	차갑다, 냉정하다	彼はちょっと_____人です。 그는 좀 냉정한 사람입니다.
149	りっぱ **立派だ** (N4)	훌륭하다	息子さんは_____ですね。 아드님이 훌륭하네요.
150	**おしゃべりだ** (N2)	수다쟁이다, 말이 많다	_____で秘密を守れない。 수다쟁이라서 비밀을 못 지킨다.

Hint 146 生意気 149 立派 150 おしゃべり

플러스 단어

人柄(ひとがら)	성품
外向的(がいこうてき)だ	외향적이다
活発(かっぱつ)だ	활발하다
消極的(しょうきょくてき)だ	소극적이다
物静(ものしず)かだ	조용하다, 차분하다
無口(むくち)だ	과묵하다, 말수가 적다
平凡(へいぼん)だ	평범하다
理性的(りせいてき)だ	이성적이다
思(おも)いやりがある	배려심이 있다
謙虚(けんきょ)だ	겸손하다
陽気(ようき)だ	명랑하다
率直(そっちょく)だ	솔직하다
短気(たんき)だ	성미가 급하다
肯定的(こうていてき)だ	긍정적이다
前向(まえむ)きだ	긍정적이다, 적극적이다
否定的(ひていてき)だ	부정적이다
たくましい	씩씩하다, 늠름하다
我慢強(がまんづよ)い	참을성이 많다
几帳面(きちょうめん)だ	꼼꼼하다
意地悪(いじわる)い	심술궂다, 짓궂다
臆病(おくびょう)だ	겁쟁이다
卑怯(ひきょう)だ	비겁하다
しつこい	끈질기다
気(き)が強(つよ)い	기가 세다
慎重(しんちょう)だ	신중하다
そそっかしい	경솔하다, 덜렁거리다
無礼(ぶれい)だ	무례하다
愚(おろ)かだ	어리석다
わがままだ	버릇없다, 제멋대로다
うそつき	거짓말쟁이

1 한자어의 읽는 법을 히라가나로 쓰고, 뜻을 적어 보세요.

1 性格 _____ _____

2 親切 _____ _____

3 長所 _____ _____

4 短所 _____ _____

2 다음 뜻을 일본어로 써 보세요.

1 상냥하다, 다정하다 _____   2 엄하다, 엄격하다 _____

3 성실하다 _____   4 온순하다, 얌전하다 _____

5 차갑다, 냉정하다 _____   6 따뜻하다 _____

3 일본어와 우리말의 뜻을 알맞게 연결해 보세요.

1 丁寧だ ・　　　　　　・ ① 수다쟁이다

2 素直だ ・　　　　　　・ ② 훌륭하다

3 立派だ ・　　　　　　・ ③ 정중하다

4 おしゃべりだ ・　　　　　・ ④ 순진하다, 솔직하다

---

1 1. せいかく / 성격   2. しんせつ / 친절   3. ちょうしょ / 장점   4. たんしょ / 단점   **2** 1. 優(やさ)しい
2. 厳(きび)しい   3. 真面目(まじめ)だ   4. おとなしい   5. 冷(つめ)たい   6. 温(あたた)かい   **3** 1. ③   2. ④
3. ②   4. ①

Day 07 성격 표현하기   053

공부순서 ☐ MP3 듣기 ➡ ☐ 단어 암기 ➡ ☐ 예문 빈칸 채우기 ➡ ☐ 단어암기 동영상

사람의 인생

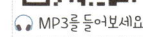
MP3를 들어보세요

_{あか}
赤ちゃん 아기

_{こども}
子供 어린이, 아이

_{おとな}
大人 어른, 성인

_{ろうじん}
老人 노인

_{けっこん}
結婚 결혼

_し
死ぬ 죽다

151	じんせい 人生	인생 N3	彼はすばらしい [　] を送った。 그는 멋진 인생을 보냈다.
152	あか 赤ちゃん	아기 N4	[　] が泣いている。 아기가 울고 있다.
153	う 生まれる	태어나다 N5	私は1998年に [　] ました。 저는 1998년에 태어났습니다.
154	おとこ こ 男の子	남자아이 N5	生まれた子は [　] です。 태어난 아이는 남자아이입니다.
155	おんな こ 女の子	여자아이 N5	クラスに [　] は何人ですか。 반에 여자아이는 몇 명이에요?
156	たんじょう 誕生	탄생 N3	[　] を祝うパーティーをする。 탄생을 축하하는 파티를 한다.
157	しょうねん 少年	소년 N3	劇場は [　] 少女でいっぱいです。　극장은 소년, 소녀로 가득 찼습니다. ★ 少女(しょうじょ) 소녀

Hint 153 生まれ

#	単語	意味	例文
165	付(つ)き合(あ)う	사귀다, 교제하다 (N3)	付き合っている人(ひと)はいません。 사귀는 사람은 없어요.
166	愛(あい)する	사랑하다 (N3)	愛しています。 사랑해요.
167	結婚(けっこん)	결혼 (N5)	来年(らいねん)には結婚したいです。 내년에는 결혼하고 싶습니다.
168	生(い)きる	살다, 생존하다 (N4)	百歳(ひゃくさい)まで生きる。 100세까지 살다.
169	育(そだ)つ	자라다, 성장하다 (N3)	いい子(こ)に育つ。 착한 아이로 자라다.
170	死(し)ぬ	죽다 (N5)	交通事故(こうつうじこ)で死ぬ。 교통사고로 죽다.
171	亡(な)くなる	죽다, 돌아가시다 (N4)	おじいさんは昨年(さくねん)亡くなりました。 할아버지는 작년에 돌아가셨습니다.

Hint 165 付(つ)き合(あ)っ 166 愛(あい)し 171 亡(な)くなり

Day 08 사람의 인생

플러스 단어

中年(ちゅうねん)	중년	合コン(ごう)	미팅
お年寄り(としより)	노인, 늙은이	片想い(かたおもい)	짝사랑
男性(だんせい)	남성	初恋(はつこい)	첫사랑
女性(じょせい)	여성	デート	데이트
成長(せいちょう)	성장	出会う(であう)	만나다
思春期(ししゅんき)	사춘기	浮気をする(うわき)	바람을 피우다
引退(いんたい)	은퇴	別れる(わかれる)	헤어지다, 이별하다
老後(ろうご)	노후	ふられる	차이다
葬式(そうしき)	장례식	離婚(りこん)	이혼
遺言(ゆいごん)	유언	けんか	싸움
墓(はか)	무덤	妊娠(にんしん)	임신
暮す(くらす)	살다, 생활하다	出産(しゅっさん)	출산
彼氏(かれし)	(사귀는) 남자 친구	恋愛(れんあい)	연애
彼女(かのじょ)	(사귀는) 여자 친구	婚約(こんやく)	약혼
カップル	커플	老ける(ふける)	늙다, 나이 들다
プロポーズ	프러포즈		

미니 테스트

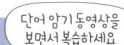

1 한자어의 읽는 법을 히라가나로 쓰고, 뜻을 적어 보세요.

1 人生 _____ _____

2 誕生 _____ _____

3 青年 _____ _____

4 結婚 _____ _____

2 다음 뜻을 일본어로 써 보세요.

1 여자아이 _____   2 어른, 성인 _____

3 젊다, 어리다 _____   4 살다, 생존하다 _____

5 죽다 _____   6 아기 _____

3 일본어와 우리말의 뜻을 알맞게 연결해 보세요.

1 若者   ·   ① 젊은이

2 付き合う   ·   ② 자라다, 성장하다

3 育つ   ·   ③ 사귀다, 교제하다

4 亡くなる   ·   ④ 죽다, 돌아가시다

---

1 1. じんせい / 인생 2. たんじょう / 탄생 3. せいねん / 청년 4. けっこん / 결혼   **2** 1. 女(おんな)の子(こ)
2. 大人(おとな) 3. 若(わか)い 4. 生(い)きる 5. 死(し)ぬ 6. 赤(あか)ちゃん   **3** 1.① 2.③ 3.② 4.④

Day 09

공부순서 ☐ MP3 듣기 ➡ ☐ 단어 암기 ➡ ☐ 예문 빈칸 채우기 ➡ ☐ 단어암기 동영상

계절과 날씨

🎧 MP3를 들어보세요

晴(は)れる (하늘이) 개다, 맑다

曇(くも)る 흐리다, 흐려지다

雨(あめ)が降(ふ)る 비가 오다

雪(ゆき)が降(ふ)る 눈이 오다

風(かぜ)が吹(ふ)く 바람이 불다

梅雨(つゆ) 장마

172	き せつ **季節**	계절 (N4)	一番好きな **季節** はいつですか。 가장 좋아하는 계절은 언제예요?
173	は る **春**	봄 (N5)	日本の **春** はいつからですか。 일본은 봄이 언제부터예요?
174	な つ **夏**	여름 (N5)	季節の中で **夏** が一番好きです。 계절 중에서 여름을 가장 좋아해요.
175	あ き **秋**	가을 (N5)	**秋** になると涼しくなります。 가을이 되면 선선해집니다.
176	ふ ゆ **冬**	겨울 (N5)	**冬** はあまり好きじゃありません。 겨울은 별로 좋아하지 않습니다.
177	てん き **天気**	날씨	今日の **天気** はどうですか。 오늘 날씨는 어때요?
178	そ ら **空**	하늘 (N5)	秋の **空** がきれいだ。 가을 하늘이 예쁘다.

Day 09 계절과 날씨

#	単語	意味	例文
179	晴（は）れる	(하늘이) 개다, 맑다 N4	空（そら）が_____ている。 하늘이 맑다.
180	曇（くも）る	흐리다, 흐려지다 N4	一日中（いちにちじゅう）_____ている。 하루 종일 흐리다.
181	雨（あめ）	비 N5	_____の日（ひ）は家（うち）にいます。 비 오는 날에는 집에 있어요.
182	降（ふ）る	(비·눈이) 오다, 내리다 N5	雨（あめ）が_____ています。 비가 옵니다.
183	天気予報（てんきよほう）	일기예보 N4	_____によると雨（あめ）だそうです。 일기예보에 의하면 비가 온다고 합니다.
184	気温（きおん）	기온 N3	昨日（きのう）より_____が高（たか）い。 어제보다 기온이 높다.
185	傘（かさ）	우산 N5	雨（あめ）が降（ふ）りそうなので_____を持（も）ってきた。 비가 내릴 것 같아서 우산을 갖고 왔다.

Hint 179 晴（は）れ 180 曇（くも）っ 182 降（ふ）っ

#	単語	意味	例文
186	雲 (くも)	구름 N4	空(そら)には ____ 一(ひと)つありません。 하늘에는 구름 한 점이 없습니다.
187	月 (つき)	달 N4	曇(くも)って ____ が見(み)えない。 흐려서 달이 보이지 않는다.
188	星 (ほし)	별 N4	空(そら)に ____ が輝(かがや)いている。 하늘에 별이 빛나고 있다.
189	風 (かぜ)	바람 N5	今日(きょう)は ____ が強(つよ)い。 오늘은 바람이 세다. ★ 風(かぜ)が弱(よわ)い 바람이 약하다
190	吹く (ふく)	불다 N4	風(かぜ)が ____ ている。 바람이 분다.
191	明るい (あかるい)	밝다, 환하다 N5	____ 部屋(へや)がいいです。 밝은 방이 좋습니다. ★ '성격이 밝다'라는 뜻도 있습니다. ▶137
192	暗い (くらい)	어둡다 N5	冬(ふゆ)は夕方(ゆうがた)5時(ごじ)でも ____ 。 겨울에는 저녁 5시에도 어둡다. ★ '성격이 어둡다'라는 뜻도 있습니다. ▶138

Hint 190 吹(ふ)い

Day 09 계절과 날씨

플러스 단어

晴れ	맑음, 맑게 갬	蒸し暑い	무덥다
曇り	흐림	涼しい	시원하다, 선선하다
梅雨	장마	肌寒い	쌀쌀하다
にわか雨	소나기	寒い	춥다
台風	태풍	花が咲く	꽃이 피다
雪	눈	桜	벚꽃
ひょう	우박	花見	꽃구경
霧	안개	お祭り	축제
雷	천둥	花火	불꽃(놀이)
いなずま	번개	かき氷	빙수
太陽	태양	扇風機	선풍기
虹	무지개	エアコン	에어컨
暖かい	따뜻하다	紅葉	단풍
暑い	덥다	落ち葉	낙엽

 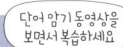 

1 한자어의 읽는 법을 히라가나로 쓰고, 뜻을 적어 보세요.

1 季節 _____ _____

2 天気 _____ _____

3 気温 _____ _____

4 星 _____ _____

2 다음 뜻을 일본어로 써 보세요.

1 봄 _____   2 여름 _____

3 가을 _____   4 겨울 _____

5 비 _____   6 하늘 _____

3 일본어와 우리말의 뜻을 알맞게 연결해 보세요.

1 晴れる ·   ① 밝다

2 曇る ·   ② 불다

3 吹く ·   ③ (하늘이) 개다, 맑다

4 明るい ·   ④ 흐리다

---

1. 1. きせつ / 계절 2. てんき / 날씨 3. きおん / 기온 4. ほし / 별   2. 1. 春(はる) 2. 夏(なつ) 3. 秋(あき)
4. 冬(ふゆ) 5. 雨(あめ) 6. 空(そら)   3. 1. ③ 2. ④ 3. ② 4. ①

Day 10

공부순서 ☐ MP3 듣기 ➡ ☐ 단어 암기 ➡ ☐ 예문 빈칸 채우기 ➡ ☐ 단어암기 동영상

동물과 식물

MP3를 들어보세요

いぬ
犬 개

ねこ
猫 고양이

にわとり
鶏 닭

うし
牛 소

うま
馬 말

ぶた
豚 돼지

193	どうぶつ 動物	동물 N5	好きな ✏️ は犬です。 좋아하는 동물은 개입니다.
194	とり 鳥	새 N5	がこっちを見ている。 새가 이쪽을 보고 있다.
195	さかな 魚	물고기, 생선 N5	が嫌いです。 생선을 싫어합니다.
196	むし 虫	벌레 N4	部屋に が入ってきた。 방에 벌레가 들어왔다.
197	しょくぶつ 植物	식물 N3	を育てる。 식물을 키우다.
198	しぜん 自然	자연 N3	を守りましょう。 자연을 지킵시다.
199	う 産む	(아이·새끼·알을) 낳다 N3	赤ちゃんを 。 아기를 낳다.

Day 10 동물과 식물

#	単語	意味	例文
207	<ruby>植<rt>う</rt></ruby>える	심다 (N4)	<ruby>木<rt>き</rt></ruby>を_____。 나무를 심다.
208	<ruby>枯<rt>か</rt></ruby>れる	(초목이) 마르다, 시들다 (N3)	みかんの<ruby>木<rt>き</rt></ruby>が<ruby>突然<rt>とつぜん</rt></ruby>_____ました。 귤나무가 갑자기 시들었습니다.
209	<ruby>咲<rt>さ</rt></ruby>く	(꽃이) 피다 (N5)	<ruby>春<rt>はる</rt></ruby>になると<ruby>桜<rt>さくら</rt></ruby>が_____ます。 봄이 되면 벚꽃이 핍니다.
210	<ruby>散<rt>ち</rt></ruby>る	떨어지다, (꽃잎이) 지다 (N3)	<ruby>花<rt>はな</rt></ruby>が<ruby>全部<rt>ぜんぶ</rt></ruby>_____てしまいました。 꽃이 다 지고 말았습니다.
211	<ruby>山<rt>やま</rt></ruby>	산 (N5)	_____に<ruby>行<rt>い</rt></ruby>って<ruby>紅葉<rt>こうよう</rt></ruby>を<ruby>見<rt>み</rt></ruby>ましょう。 산에 가서 단풍을 봅시다.
212	<ruby>川<rt>かわ</rt></ruby>	강 (N5)	きれいな_____が<ruby>流<rt>なが</rt></ruby>れています。 깨끗한 강이 흐르고 있습니다.
213	<ruby>森<rt>もり</rt></ruby>	숲 (N4)	_____の<ruby>中<rt>なか</rt></ruby>に<ruby>家<rt>いえ</rt></ruby>がありました。 숲 속에 집이 있었습니다.

Hint 208 <ruby>枯<rt>か</rt></ruby>れ　209 <ruby>咲<rt>さ</rt></ruby>き　210 <ruby>散<rt>ち</rt></ruby>っ

Day 10 동물과 식물

플러스 단어

虎 (とら)	호랑이	蜂 (はち)	벌
ライオン	사자	蟻 (あり)	개미
象 (ぞう)	코끼리	カ	모기
ウサギ	토끼	チョウ	나비
ネズミ	쥐	ハエ	파리
蛇 (へび)	뱀	トンボ	잠자리
猿 (さる)	원숭이	菊 (きく)	국화
鹿 (しか)	사슴	桜 (さくら)	벚꽃
パンダ	판다	バラ	장미
熊 (くま)	곰	たんぽぽ	민들레
鳩 (はと)	비둘기	ひまわり	해바라기
烏 (からす)	까마귀	サボテン	선인장
雀 (すずめ)	참새	銀杏 (いちょう)	은행나무
ツバメ	제비	松 (まつ)	소나무
カエル	개구리	栗の木 (くりのき)	밤나무

미니 테스트

단어 암기 동영상을 보면서 복습하세요

1 한자어의 읽는 법을 히라가나로 쓰고, 뜻을 적어 보세요.

1 動物 _____ _____

2 自然 _____ _____

3 植物 _____ _____

4 声 _____ _____

2 다음 뜻을 일본어로 써 보세요.

1 새 _____   2 물고기, 생선 _____

3 나무 _____   4 벌레 _____

5 산 _____   6 강 _____

3 일본어와 우리말의 뜻을 알맞게 연결해 보세요.

1 育てる ·   ① 키우다, 기르다

2 植える ·   ② (초목이) 마르다

3 産む ·   ③ 심다

4 枯れる ·   ④ (아이·새끼·알) 낳다

---

1 1. どうぶつ/동물 2. しぜん/자연 3. しょくぶつ/식물 4. こえ/소리, 목소리   **2** 1. 鳥(とり)
2. 魚(さかな) 3. 木(き) 4. 虫(むし) 5. 山(やま) 6. 川(かわ)   **3** 1. ① 2. ③ 3. ④ 4. ②

Day 10 동물과 식물

Day 11

공부순서 ☐ MP3 듣기 ➡ ☐ 단어 암기 ➡ ☐ 예문 빈칸 채우기 ➡ ☐ 단어암기 동영상

우리 집

🎧 MP3를 들어보세요

カーテン 커튼
窓(まど) 창문
風呂(ふろ) 욕실
ベッド 침대
トイレ 화장실
テーブル 테이블
台所(だいどころ) 부엌
居間(いま) 거실
ドア 문
庭(にわ) 정원

214	家 いえ/うち	집, 자택, 가정 N5	6時に ✎ に帰ります。 6시에 집에 갑니다.
215	建物 たてもの	건물 N5	この は美術館です。 이 건물은 미술관입니다.
216	住む す	살다, 거처하다 N5	ソウルに でいます。 서울에 살고 있습니다.
217	広い ひろ	넓다 N5	庭があっていいです。 넓은 마당이 있어서 좋습니다.
218	狭い せま	좁다 N5	部屋が です。 방이 좁아요.
219	引っ越す ひ こ	이사하다 N4	来月、 ます。 다음 달에 이사합니다. ★ 引(ひ)っ越(こ)し 이사
220	玄関 げんかん	현관 N4	は明るくてきれいです。 현관은 밝고 깨끗합니다.

Hint 216 住ん 219 引っ越し

#	単語	意味	例文
221	だいどころ 台所	부엌 N5	母^{はは}は _____ で皿^{さら}を洗^{あら}っています。 엄마는 부엌에서 설거지를 하고 있어요.
222	ふ ろ 風呂	목욕, 욕실 N5	お _____ に入^{はい}ってから寝^ねます。 목욕을 하고 나서 잡니다. ★ お風呂(ふろ)に入(はい)る 목욕하다
223	い ま 居間	거실 (= リビング) N4	_____ でテレビを見^みています。 거실에서 텔레비전을 보고 있습니다.
224	へ や 部屋	방 N5	_____ が二^{ふた}つあります。 방이 두 개 있습니다.
225	トイレ	화장실 N5	_____ はどこですか。 화장실은 어디예요?
226	にわ 庭	정원, 뜰, 마당 N5	この家^{いえ}の後^{うし}ろに _____ があります。 이 집 뒤에 정원이 있습니다.
227	ベッド	침대 N4	部屋^{へや}に _____ を二^{ふた}つ置^おきました。 방에 침대를 두 개 놓았습니다.

Tip 일본에서는 대부분 집에 욕실(風呂)과 화장실(トイレ)이 구분되어 있습니다.

#	単語	意味	例文
228	テーブル	테이블, 탁자, 식탁 (N5)	_____でお茶を飲んでいます。 탁자에서 차를 마시고 있습니다.
229	ドア	문 (N5)	_____の前で待っています。 문 앞에서 기다리고 있습니다.
230	窓(まど)	창, 창문 (N5)	_____が大きくて部屋が明るいです。 창문이 커서 방이 밝습니다.
231	カーテン	커튼 (N4)	新しい_____がほしいです。 새 커튼을 갖고 싶어요.
232	開(あ)ける	열다 (N5)	ドアを_____てもいいですか。 문을 열어도 되나요?
233	閉(し)める	닫다 (N5)	寒いので窓を_____てください。 추우니까 창문을 닫아 주세요.
234	電気(でんき)	전기 (N5)	暗いので_____をつけましょう。 어두우니까 불을 켭시다. ★ 電気(でんき)をつける (전기) 불을 켜다

Hint 232 開(あ)け　233 閉(し)め

Day 11 우리 집

플러스 단어

家賃(やちん)	집세, 월세
一戸建て(いっこだて)	단독주택
マンション	고층 아파트
ビル	빌딩
大家(おおや)	집주인
不動産屋(ふどうさんや)	부동산(중개업소)
リフォーム	리모델링
独り暮らし(ひとりぐらし)	독신 생활, 혼자 삶
引っ越し(ひっこし)	이사
住所(じゅうしょ)	주소
ガス	가스
水道(すいどう)	수도
光熱費(こうねつひ)	광열비
駐車場(ちゅうしゃじょう)	주차장
倉庫(そうこ)	창고

ベランダ	베란다
階段(かいだん)	계단
カーペット	카펫
床(ゆか)	바닥
ゴミ箱(ゴミばこ)	쓰레기통
天井(てんじょう)	천정
電灯(でんとう)	전등
柱(はしら)	기둥
家具(かぐ)	가구
引き出し(ひきだし)	서랍
布団(ふとん)	이불
屋根(やね)	지붕
壁(かべ)	벽
ベル	초인종

미니 테스트

1 한자어의 읽는 법을 히라가나로 쓰고, 뜻을 적어 보세요.

1 玄関 _____ _____

2 台所 _____ _____

3 部屋 _____ _____

4 電気 _____ _____

2 다음 뜻을 일본어로 써 보세요.

1 살다 _____   2 화장실 _____

3 목욕, 욕실 _____   4 거실 _____

5 침대 _____   6 창문 _____

3 일본어와 우리말의 뜻을 알맞게 연결해 보세요.

1 広い   ·   ① 문

2 カーテン   ·   ② 커튼

3 ドア   ·   ③ 열다

4 開ける   ·   ④ 넓다

---

1 1. げんかん / 현관 2. だいどころ / 부엌 3. へや / 방 4. でんき / 전기   **2** 1. 住(す)む 2. トイレ
3. 風呂(ふろ) 4. 居間(いま) 5. ベッド 6. 窓(まど)   **3** 1.④ 2.② 3.① 4.③

식생활

MP3를 들어보세요

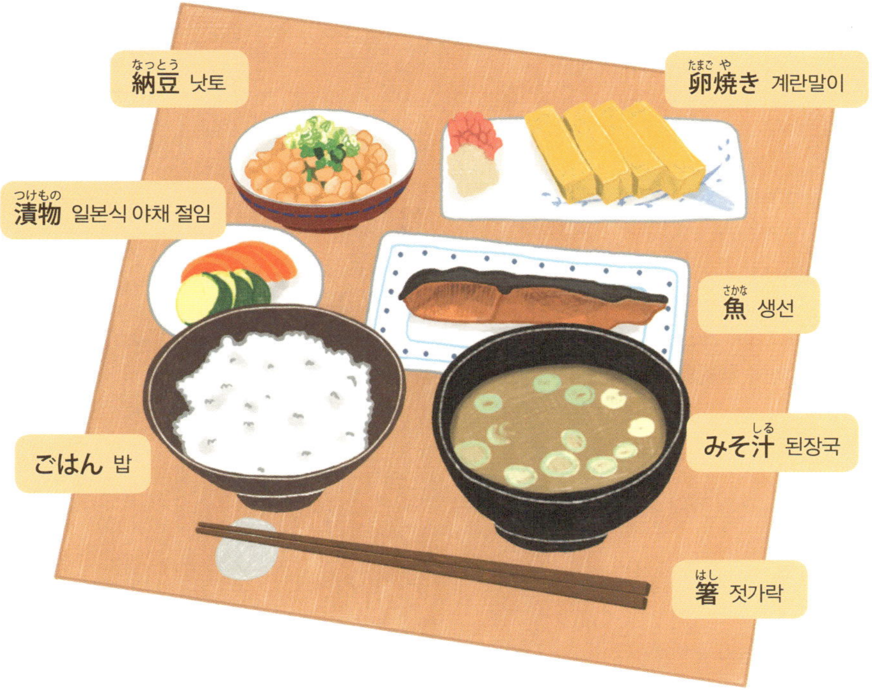

なっとう
納豆 낫토

たまご や
卵焼き 계란말이

つけもの
漬物 일본식 야채 절임

さかな
魚 생선

ごはん 밥

しる
みそ汁 된장국

はし
箸 젓가락

#	単語	意味	例文
235	ごはん	밥 (N5)	_____を炊く。 밥을 짓다. ★ 朝(あさ)ごはん 아침밥 / 昼(ひる)ごはん 점심밥
236	みそ汁 (しる)	된장국 (N2)	_____は体(からだ)にいい。 된장국은 몸에 좋다.
237	パン	빵 (N5)	ごはんより_____が好(す)きです。 밥보다 빵을 좋아합니다.
238	おかず	반찬, 부식 (N2)	_____を作(つく)る。 반찬을 만들다.
239	箸 (はし)	젓가락 (N3)	_____を使(つか)うのが上手(じょうず)ですね。 젓가락질을 잘하시네요.
240	スプーン	숟가락 (N5)	スープは_____で食(た)べます。 국은 숟가락으로 먹습니다.
241	皿 (さら)	접시 (N3)	食事(しょくじ)の後(あと)、_____を洗(あら)ってください。 식사 후에 설거지를 해 주세요.

Day 12 식생활

242 コップ — 컵 (N5)

<ruby>コップ<rt>みっ</rt></ruby>を三つください。
컵을 세 개 주세요.

243 卵 (たまご) — 달걀, 알 (N5)

卵を使って料理をします。
달걀을 이용해 요리를 합니다.

244 肉 (にく) — 고기 (N5)

昔から肉は食べません。
옛날부터 고기는 먹지 않습니다.

245 野菜 (やさい) — 채소, 야채 (N5)

野菜をもっと食べてね。
채소를 좀 더 먹어.

246 果物 (くだもの) — 과일 (N5)

いろんな果物があります。
여러 과일이 있습니다.

247 水 (みず) — 물 (N5)

すみません、お水お願いします。
저기요, 물 주세요.

248 食べ過ぎ (たべすぎ) — 과식 (N4)

食べ過ぎはよくないです。
과식은 좋지 않습니다.

★ 飲(の)み過(す)ぎ 과음

#	単語	韓国語	例文
249	食事（しょくじ）	식사 N4	食事の時は静かにしてください。 식사할 때는 조용히 해 주세요.
250	支度（したく）	채비, 준비 N4	夕ごはんの支度はできました。 저녁밥 준비는 다 되었습니다.
251	お酒（さけ）	술 N2	お酒はあまり飲みません。 술은 잘 안 마셔요.
252	飲む（の）	마시다 N5	全部飲んでください。 다 마셔요.
253	切る（き）	자르다, 끊다 N4	野菜を小さく切ります。 채소를 작게 자릅니다.
254	焼く（や）	불에 굽다, 볶다 N4	魚を焼いて食べます。 생선을 구워서 먹습니다.
255	味（あじ）	맛 N4	料理の味はどうですか。 음식 맛은 어때요?
256	熱い（あつ）	뜨겁다 N4	熱いうちに食べてください。 뜨거울 때 드세요.

Hint 252 飲ん　253 切り　254 焼い

Day 12 식생활

자주 먹는 과일, 야채, 생선, 음료

과일

りんご 사과	なし 배	もも 복숭아	バナナ 바나나
すいか 수박	オレンジ 오렌지	いちご 딸기	みかん 귤
ぶどう 포도	メロン 멜론		

야채

じゃがいも 감자	たまねぎ 양파	にんにく 마늘	きのこ 버섯
にんじん 당근	はくさい 배추	キャベツ 양배추	ねぎ 파
だいこん 무	きゅうり 오이	トマト 토마토	まめ 콩
ブロッコリー 브로콜리	さつまいも 고구마	かぼちゃ 호박	ほうれんそう 시금치

생선, 어패류, 해조류

| まぐろ 참치 | さけ 연어 | さば 고등어 | さんま 꽁치 |

| かに 게 | えび 새우 | うなぎ 장어 | たこ 문어, 낙지 |

| いか 오징어 | うに 성게 | のり 김 | わかめ 미역 |

음료, 주류

| お<ruby>水<rt>みず</rt></ruby> 물 | <ruby>牛乳<rt>ぎゅうにゅう</rt></ruby> 우유 | お<ruby>茶<rt>ちゃ</rt></ruby> 차 | コーヒー 커피 |

| ジュース 주스 | コーラ 콜라 | ビール 맥주 | ワイン 와인 |

| <ruby>日本酒<rt>に ほんしゅ</rt></ruby> 정종 | <ruby>焼酎<rt>しょうちゅう</rt></ruby> 소주 |

일본인들이 즐겨 먹는 음식

ハンバーガー　햄버거

ピザ　피자

餃子(ぎょうざ)　만두

牛丼(ぎゅうどん)　소고기덮밥

カレーライス　카레라이스

オムライス　오므라이스

寿司(すし)　초밥

刺身(さしみ)　회

お握り(にぎ)　주먹밥, 삼각김밥

うどん　우동

ラーメン　라면

そば　메밀국수

豚カツ　돈가스

天ぷら　튀김

しゃぶしゃぶ　샤브샤브

すき焼き　스키야키

焼きそば　야키소바

たこ焼き　타코야키

플러스 단어

食(た)べ物(もの)	먹을 것, 음식	食料品(しょくりょうひん)	식료품
飲(の)み物(もの)	마실 것, 음료	調味料(ちょうみりょう)	조미료
材料(ざいりょう)	재료	砂糖(さとう)	설탕
料理(りょうり)を作(つく)る	요리(음식)를 만들다	塩(しお)	소금
炒(いた)める	볶다	酢(す)	식초
煮(に)る	익히다, 삶다, 조리다	唐辛子粉(とうがらしこ)	고춧가루
火(ひ)を付(つ)ける	불을 켜다(↔火(ひ)を消(け)す)	ゴマ	참깨
ごはんを残(のこ)す	밥을 남기다	醤油(しょうゆ)	간장
鍋(なべ)	냄비	米(こめ)	쌀
フォーク	포크	牛肉(ぎゅうにく)	소고기
ナイフ	나이프	豚肉(ぶたにく)	돼지고기
外食(がいしょく)	외식	鶏肉(とりにく)	닭고기

Tip 맛에 대한 표현

おいしい	맛있다	あまい	달다
からい	맵다	にがい	쓰다
しおからい	짜다	すっぱい	시다

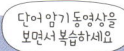

1 한자어의 읽는 법을 히라가나로 쓰고, 뜻을 적어 보세요.

1 食事 _____ _____

2 野菜 _____ _____

3 卵 _____ _____

4 肉 _____ _____

2 다음 뜻을 일본어로 써 보세요.

1 아침밥 _____   2 물 _____

3 빵 _____   4 접시 _____

5 맛 _____   6 마시다 _____

3 일본어와 우리말의 뜻을 알맞게 연결해 보세요.

1 焼く　・　　　　　　① 젓가락

2 食べ過ぎ　・　　　　② 채비, 준비

3 箸　・　　　　　　　③ 불에 굽다, 볶다

4 支度　・　　　　　　④ 과식

1 1. しょくじ / 식사　2. やさい / 야채　3. たまご / 달걀, 알　4. にく / 고기　**2** 1. 朝(あさ)ごはん　2. 水(みず)
3. パン　4. 皿(さら)　5. 味(あじ)　6. 飲(の)む　**3** 1. ③　2. ④　3. ①　4. ②

Day 13

공부 순서 □MP3 듣기 ➡ □단어 암기 ➡ □예문 빈칸 채우기 ➡ □단어암기 동영상

의복과 미용

MP3를 들어보세요

ぼうしをかぶっている
모자를 쓰고 있다

眼鏡(めがね)をかけている
안경을 쓰고 있다

スーツを着(き)ている
양복을 입고 있다

時計(とけい)をしている
시계를 하고 있다

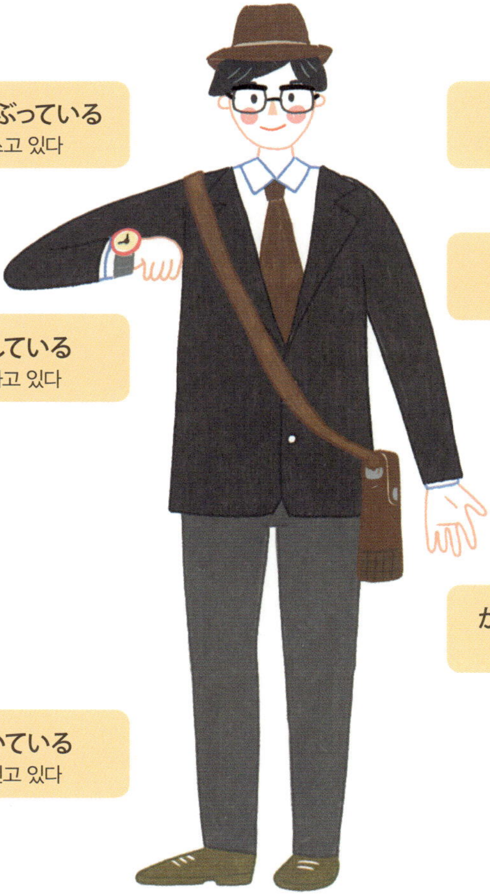

かばんをかけている
가방을 매고 있다

靴(くつ)をはいている
구두를 신고 있다

257	服 (ふく)	옷 N5	派手な 　　　 ですね。 화려한 옷이네요.
258	着る (きる)	(옷을) 입다 N4	地味な服を 　　　 ています。 수수한 옷을 입고 있어요.
259	脱ぐ (ぬぐ)	벗다 N4	服を 　　　 でお風呂に入ります。 옷을 벗고 목욕탕에 들어갑니다.
260	はく	(신발을) 신다, (바지·치마를) 입다 N4	スカートを 　　　 ています。 치마를 입고 있어요.
261	はめる	(반지·시계·장갑을) 끼다, 차다 N2	腕時計を 　　　 ています。 손목시계를 차고 있습니다.
262	外す (はずす)	빼다, 떼다 N3	手を洗う時は、指輪を 　　　 します。 손을 씻을 때는 반지를 뺍니다.
263	ズボン	바지 N5	この 　　　 、黒はありませんか。 이 바지, 검정은 없나요?

Hint　258 着(き)　259 脱(ぬ)い　260 はい　261 はめ　262 外(はず)

Day 13 의복과 미용

| 269 | 下着（したぎ） | 속옷, 내의 | N4 |

新（あたら）しい ✎ _____ を買（か）いました。
새 속옷을 샀습니다.

| 270 | 靴下（くつした） | 양말 | N5 |

父（ちち）の誕生日（たんじょうび）に _____ をプレゼントしました。
아버지 생일에 양말을 선물했습니다.

| 271 | きつい | 꽉 끼다 | N3 |

このサイズは私（わたし）には _____ 。
이 사이즈는 나한테는 꽉 낀다.

| 272 | ボタン | 단추 | N5 |

_____ がなくなりました。
단추가 없어졌습니다.

Tip

옷의 종류

制服（せいふく）	제복	ジャンパー	점퍼
普段着（ふだんぎ）	평상복	コート	코트
部屋着（へやぎ）	실내복	ベスト	조끼
スポーツウェア	운동복	ワイシャツ	와이셔츠
水着（みずぎ）	수영복	ブラウス	블라우스
スーツ	양복	セーター	스웨터
上着（うわぎ）	상의	ジーパン	청바지
ジャケット	재킷	ワンピース	원피스

Day 13 의복과 미용

273
かばん 가방 N5

本は [　　] の中にあります。
책은 가방 안에 있습니다.

274
財布（さいふ） 지갑 N5

[　　] には何も入っていません。
지갑에는 아무것도 안 들어 있습니다.

275
アクセサリー 액세서리, 장신구 N4

彼女は [　　] をたくさん持っている。　그녀는 액세서리를 많이 갖고 있다.

276
指輪（ゆびわ） 반지 N4

彼は [　　] をはめています。
그는 반지를 끼고 있습니다.

277
スタイル 스타일, 양식 N3

彼女はいつ見ても [　　] がいい。　그녀는 언제 봐도 스타일이 좋다.

Tip 화장품

化粧品（けしょうひん）	화장품	マスカラ	마스카라
化粧水（けしょうすい）	스킨	口紅（くちべに）	립스틱
乳液（にゅうえき）	로션	香水（こうすい）	향수
クリーム	크림	マニキュア	매니큐어
ファンデーション	파운데이션	アイシャドー	아이섀도

의복, 액세서리에 따른 동사 표현

입다, 착용하다		벗다, 빼다
着る	服 옷	脱ぐ
はく	ズボン 바지 靴 신발 靴下 양말	脱ぐ
かぶる	帽子 모자	脱ぐ
する	ヘアピン 헤어핀 マフラー 목도리	取る
する	ネックレス 목걸이 イヤリング 귀걸이	外す
しめる	ネクタイ 넥타이	外す
かける	眼鏡 안경	外す
はめる	指輪 반지 時計 시계 手袋 장갑	脱ぐ

플러스 단어

服装 (ふくそう)	복장	イヤリング	귀걸이
衣類 (いるい)	의류	ネックレス	목걸이
着こなし (き)	옷차림새, 복장	ベルト	벨트, 띠
おしゃれ	멋쟁이	手袋 (てぶくろ)	장갑
紳士服 (しんしふく)	신사복	パンツ	바지, 팬티(남성,어린이용)
婦人服 (ふじんふく)	여성복	ブラジャー	브래지어
着物 (きもの)	기모노(일본 전통 의상)	パンティー	팬티(여성용)
浴衣 (ゆかた)	유카타(목욕 후나 여름철 축제 등에 입음)	ストッキング	스타킹
半袖 (はんそで)	반소매	サンダル	샌들
カラー	(옷의) 깃	ヒール	굽 높은 구두
ファスナー	지퍼	ブーツ	부츠
ポケット	주머니	スニーカー	스니커즈
ネクタイ	넥타이	ひも	(구두, 운동화의) 끈
スカーフ	스카프	ピッタリだ	딱 맞다
サングラス	선글라스	ゆったりとしている	넉넉하다

미니 테스트

1 한자어의 읽는 법을 히라가나로 쓰고, 뜻을 적어 보세요.

1 服 _____ _____

2 靴下 _____ _____

3 財布 _____ _____

4 指輪 _____ _____

2 다음 뜻을 일본어로 써 보세요.

1 바지 _____ 2 치마 _____

3 신발 _____ 4 가방 _____

5 속옷 _____ 6 입다 _____

3 일본어와 우리말의 뜻을 알맞게 연결해 보세요.

1 脱ぐ ·   ① 벗다

2 はく ·   ② (반지를) 끼다

3 はめる ·   ③ (신발을) 신다, (바지를) 입다

4 外す ·   ④ 빼다, 떼다

---

1 1. ふく / 옷 2. くつした / 양말 3. さいふ / 지갑 4. ゆびわ / 반지   **2** 1. ズボン 2. スカート
3. 靴(くつ) 4. かばん 5. 下着(したぎ) 6. 着(き)る   **3** 1. ① 2. ③ 3. ② 4. ④

Day 14

 MP3 듣기 ➡ 단어 암기 ➡ 예문 빈칸 채우기 ➡ 단어암기 동영상

쇼핑

MP3를 들어보세요

いちまん えん
10,000円

ごせん えん
5,000円

せん えん
1,000円

ごひゃくえん
500円

ひゃくえん
100円

ごじゅうえん
50 円

じゅう えん
10円

ご えん
5円

いち えん
1 円

#	단어	뜻	예문
278	買<ruby>か</ruby>う	사다, 구입하다 (N5)	靴<ruby>くつ</ruby>が_____たいです。 신발을 사고 싶어요.
279	売<ruby>う</ruby>る	팔다 (N5)	店<ruby>みせ</ruby>ではかばんを_____ています。 상점에서는 가방을 팔고 있어요.
280	買<ruby>か</ruby>い物<ruby>もの</ruby>	물건을 삼, 쇼핑 (N5)	普段<ruby>ふだん</ruby>どこで_____をしますか。 평소에 어디에서 장을 보나요?
281	お金<ruby>かね</ruby>	돈 (N5)	_____があれば幸<ruby>しあわ</ruby>せですか。 돈이 있으면 행복합니까? ★ お金(かね)を出(だ)す 돈을 내다
282	いくら	얼마 (N5)	_____ですか。 얼마예요?
283	円<ruby>えん</ruby>	엔 (화폐 단위) (N5)	このバックは10万<ruby>じゅうまん</ruby>_____です。 이 백은 10만 엔이에요.
284	品物<ruby>しなもの</ruby>	물품, 물건 (N4)	この店<ruby>みせ</ruby>は_____が多<ruby>おお</ruby>いですね。 이 가게는 물품이 많네요.

Hint 278 買<ruby>か</ruby>い 279 売<ruby>う</ruby>っ

#	単語	意味	例文
285	**全部**(ぜんぶ)	전부, 모두 [N4]	これ、_____ でいくらですか。 이거 모두 다 해서 얼마예요?
286	**ください**	주세요 [N4]	これを三(みっ)つ_____。 이것을 세 개 주세요.
287	**払う**(はらう)	치르다, 지불하다 [N4]	ここは私(わたし)が_____ます。 여기는 제가 낼게요.
288	**おつり**	거스름돈 [N4]	320円(さんびゃくにじゅうえん)の_____です。 거스름돈 320엔입니다.
289	**値段**(ねだん)	값, 가격 [N4]	_____は100円(ひゃくえん)からあります。 가격은 100엔부터 있습니다.
290	**安い**(やすい)	(값이) 싸다 [N5]	値段(ねだん)が_____てたくさん買(か)いました。 가격이 싸서 많이 샀습니다.
291	**高い**(たかい)	(값이) 비싸다, 높다 [N5]	_____物(もの)は買(か)わないつもりです。 비싼 물건은 사지 않을 생각입니다.

Hint 287 払(はら)い　290 安(やす)く

292 お客さま (きゃく) — 손님 — N4

お客さま、こちらへどうぞ。
손님, 이쪽으로 오세요.

293 売り場 (う ば) — 파는 곳, 매장 — N4

時計売り場を探しています。
시계 매장을 찾고 있어요.

294 デパート — 백화점 — N5

セール期間なのでデパートに行きました。
세일 기간이라서 백화점에 갔습니다.

295 市場 (いちば) — 시장 — N3

市場の物はデパートより安い。
시장 물건은 백화점보다 싸다.

296 選ぶ (えら) — 고르다, 선택하다 — N4

いい物を選びました。
좋은 물건을 골랐습니다.

297 替える (か) — 바꾸다, 교환하다 — N2

ケータイを新しい物に替えました。
핸드폰을 새것으로 바꿨습니다.

298 気に入る (き い) — 마음에 들다

気に入るものがなかった。
마음에 드는 것이 없었다.

Hint 296 選び　297 替え

플러스 단어

割引 (わりびき)	할인	宝石 (ほうせき)	보석
店員 (てんいん)	점원	文房具 (ぶんぼうぐ)	문구
消費税 (しょうひぜい)	소비세	商品 (しょうひん)	상품
現金 (げんきん)	현금	偽物 (にせもの)	가짜 상품, 짝퉁
クレジットカード	신용 카드	プレゼント	선물
領収証 (りょうしゅうしょう)	영수증(= レシート)	包装する (ほうそう)	포장하다(= 包む (つつ))
おもちゃ	장난감	配達 (はいたつ)	배달
台所用品 (だいどころようひん)	부엌 용품	取り消し (と け)	취소
食品 (しょくひん)	식품	返品 (へんぴん)	반품
電子製品 (でんしせいひん)	전자 제품	交換 (こうかん)	교환
家具 (かぐ)	가구	払い戻し (はら もど)	환불

가전제품

テレビ	텔레비전	電子 (でんし)レンジ	전자레인지
掃除機 (そうじき)	청소기	エアコン	에어컨(= クーラ)
洗濯機 (せんたくき)	세탁기	扇風機 (せんぷうき)	선풍기
冷蔵庫 (れいぞうこ)	냉장고	パソコン	컴퓨터(= コンピューター)
炊飯器 (すいはんき)	전기밥솥	ノートパソコン	노트북

 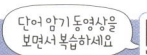 

1 한자어의 읽는 법을 히라가나로 쓰고, 뜻을 적어 보세요.

1 品物 _____ _____

2 全部 _____ _____

3 値段 _____ _____

4 市場 _____ _____

2 다음 뜻을 일본어로 써 보세요.

1 사다 _____   2 돈 _____

3 주세요 _____   4 싸다 _____

5 백화점 _____   6 바꾸다 _____

3 일본어와 우리말의 뜻을 알맞게 연결해 보세요.

1 買い物 ・   ① 파는 곳, 매장

2 選ぶ ・   ② 치르다, 지불하다

3 売り場 ・   ③ 물건을 삼, 쇼핑

4 払う ・   ④ 고르다, 선택하다

---

1 1. しなもの / 물품, 물건 2. ぜんぶ / 전부, 모두 3. ねだん / 값, 가격 4. いちば / 시장 **2** 1. 買(か)う
2. お金(かね) 3. ください 4. 安(やす)い 5. デパート 6. 替(か)える   **3** 1.③ 2.④ 3.① 4.②

Day 15

공부순서 ☐ MP3 듣기 ➡ ☐ 단어 암기 ➡ ☐ 예문 빈칸 채우기 ➡ ☐ 단어암기 동영상

교통 · 도로

🎧 MP3를 들어보세요

バス 버스

タクシー 택시

でんしゃ
電車 전철

じてんしゃ
自転車 자전거

ひこうき
飛行機 비행기

ふね
船 배

#	単語	意味	例文
299	こうつう **交通**	교통 N4	ここは〔　　〕が便利です。 여기는 교통이 편리합니다.
300	くるま **車**	차, 수레 N5	ソウルは〔　　〕が多すぎます。 서울은 차가 너무 많습니다.
301	の **乗る**	타다 N5	会社に行く時、何に〔　　〕ますか。 회사에 갈 때 무엇을 탑니까?
302	お **降りる**	내리다 N5	ソウル駅で〔　　〕てください。 서울역에서 내리세요.
303	の　もの **乗り物**	탈것, 교통수단 N4	〔　　〕はだんだん便利になりました。 교통수단은 점점 편리해졌습니다.
304	ちかてつ **地下鉄**	지하철 N5	〔　　〕に乗って学校に行きます。 지하철을 타고 학교에 갑니다.
305	えき **駅**	역 N5	〔　　〕はどちらですか。 역은 어느 쪽입니까?

Hint 301 乗り 302 降り

#	日本語	よみ	韓国語	レベル
306	近い	ちか	가깝다	N5
307	遠い	とお	멀다	N5
308	速い	はや	빠르다	N5
309	遅い	おそ	느리다	N5
310	かかる		(시간·비용이) 걸리다, 들다	N5
311	急ぐ	いそ	서두르다	N4
312	道	みち	길, 도로	N5

図書館は家から ＿＿＿ ですか。
도서관은 집에서 가까워요?

そんなに ＿＿＿ くありません。
그렇게 멀지 않아요.

バスより地下鉄のほうが ＿＿＿ です。　버스보다 지하철 쪽이 빠릅니다.

バスはタクシーより ＿＿＿ です。
버스는 택시보다 느립니다.

タクシーで20分ぐらい ＿＿＿ ます。　택시로 20분 정도 걸립니다.

時間がないので ＿＿＿ でください。
시간이 없으니까 서둘러 주세요.

午後は ＿＿＿ が込みます。
오후에는 길이 막힙니다.

Hint　307 遠　310 かかり　311 急い

#	単語	意味	例文
320	つぎ 次	다음 N5	_____の駅で降りてください。 다음 역에서 내리세요.
321	てい バス停	버스 정류장 N3	_____で会いましょう。 버스 정류장에서 만납시다.
322	だい ～台	(차·기계가) ～대 N4	車が2_____あります。 차가 두 대 있습니다.
323	はこ 運ぶ	운반하다, 옮기다 N4	荷物を_____。 짐을 운반하다.
324	ちず 地図	지도 N4	_____を見たらすぐわかる。 지도를 보면 바로 알 수 있다.
325	の か 乗り換える	갈아타다, 환승하다 N4	バスを降りて電車に_____。 버스에서 내려 전철로 환승한다.
326	ガソリン スタンド	주유소 N4	_____に寄る。 주유소에 들리다.

Tip 여러 가지 차

バス
버스

タクシー
택시

じ どうしゃ
自動車
자동차

でんしゃ
電車
전철

き しゃ
汽車
기차

ふね
船
배

ひ こう き
飛行機
비행기

ヘリコプター
헬리콥터

じ てんしゃ
自転車
자전거

オートバイ
오토바이

しょうぼうしゃ
消防車
소방차

きゅうきゅうしゃ
救急車
구급차

トラック
트럭

플러스 단어

道路(どうろ)	도로
橋(はし)	다리
歩道橋(ほどうきょう)	육교
トンネル	터널
つきあたり	막다른 곳
道(みち)を尋(たず)ねる	길을 묻다
高速道路(こうそくどうろ)	고속도로
ラッシュアワー	러시아워
交通事故(こうつうじこ)	교통사고
交通費(こうつうひ)	교통비
料金(りょうきん)	요금
運転(うんてん)	운전
乗(の)せる	태우다
停留場(ていりゅうじょう)	정류장
乗(の)り遅(おく)れる	(차・전철 등을) 놓치다

時刻表(じこくひょう)	(버스 등의 운행) 시간표
乗(の)り場(ば)	타는 곳, 승강장
止(と)まる	멈추다, 정지하다
新幹線(しんかんせん)	신칸센
改札口(かいさつぐち)	개찰구
入(い)り口(ぐち)	입구
出口(でぐち)	출구
切符(きっぷ)	표, 티켓
路線図(ろせんず)	노선도
ホーム	플랫폼
上(のぼ)り	상행
下(くだ)り	하행
急行(きゅうこう)	급행
特急(とっきゅう)	특급
終電(しゅうでん)	(전철의) 막차

미니 테스트

단어 암기 동영상을
보면서 복습하세요

1 한자어의 읽는 법을 히라가나로 쓰고, 뜻을 적어 보세요.

1 交通 _____ _____

2 車 _____ _____

3 地下鉄 _____ _____

4 道 _____ _____

2 다음 뜻을 일본어로 써 보세요.

1 (차를) 타다 _____   2 (차에서) 내리다 _____

3 지도 _____   4 사거리, 교차점 _____

5 건너다 _____   6 신호 _____

3 일본어와 우리말의 뜻을 알맞게 연결해 보세요.

1 乗り物 ・   ① (시간·비용이) 걸리다, 들다

2 かかる ・   ② 서두르다

3 急ぐ ・   ③ 갈아타다, 환승하다

4 乗り換える ・   ④ 탈것, 교통수단

---

1 1. こうつう / 교통 2. くるま / 차 3. ちかてつ / 지하철 4. みち / 길, 도로   **2** 1. 乗(の)る 2. 降(お)りる
3. 地図(ちず) 4. 交差点(こうさてん) 5. 渡(わた)る 6. 信号(しんごう)   **3** 1. ④ 2. ① 3. ② 4. ③

Day 16

은행, 우체국, 편의점에서

ぎんこう
銀行 은행

ゆうびんきょく
郵便局 우체국

コンビニ 편의점

かね も
お金持ち 부자

て がみ
手紙 편지

べんとう
弁当 도시락

327	ぎんこう 銀行	은행 N5	どの 銀行 を利用しますか。 어느 은행을 이용합니까?
328	まどぐち 窓口	창구 N4	銀行の 窓口 で聞いてください。 은행 창구에서 물어봐 주세요.
329	つうちょう 通帳	통장 N3	銀行で 通帳 を作りました。 은행에서 통장을 만들었습니다.
330	サイン	사인, 서명 N4	ここに サイン をしてください。 여기에 사인을 해 주세요.
331	じゅんばん 順番	순번, 차례 N3	あそこで 順番 を待ってください。 저기에서 차례를 기다려 주세요.
332	かねも お金持ち	부자 N4	彼は お金持ち で、ハンサムです。 그는 부자에다 잘생겼습니다.
333	お 下ろす	(예금을) 찾다, 인출하다 N2	よきん ぜんぶ げんきん 預金を全部現金で 下ろし ました。 예금을 모두 현금으로 찾았습니다.

Hint 333 下ろし

334	引き出し（ひきだし）	인출, (예금을) 찾음 N4	現金の〔　〕はATMを利用してください。 현금 인출은 ATM을 이용해 주세요.
335	両替（りょうがえ）	환전 N3	ウォンを円に〔　〕したいです。 원을 엔으로 환전하고 싶습니다.
336	振り込む（ふりこむ）	이체하다, 납입하다 N3	インターネットバンクを利用して〔　〕でください。 인터넷 뱅킹을 이용해서 이체해 주세요.

Tip 은행에서

入金（にゅうきん）する	입금하다	キャッシュカード	현금 인출 카드
預（あず）かる	맡다, 보관하다	暗証番号（あんしょうばんごう）	비밀번호
貯（た）まる	(돈·재산이) 모이다, 늘다	手数料（てすうりょう）	수수료
口座（こうざ）	계좌	貯金（ちょきん）	저금
預金（よきん）	예금	送金（そうきん）	송금
金額（きんがく）	금액	積立（つみた）て金（きん）	적금
判子（はんこ）を押（お）す	도장을 찍다	足（た）りない	부족하다
小銭（こぜに）	동전(=コイン)	為替（かわせ）レート	환율
利息（りそく）	이자(=利子)	口座振替（こうざふりかえ）	계좌이체
残高（ざんだか）	잔고, 잔액	ウォン	원
金庫（きんこ）	금고	ローン	융자

337	預ける (あずける)	맡기다 N3	お金を銀行に_____ます。 돈을 은행에 맡깁니다.
338	貯める (ためる)	모으다, 저축하다 N3	稼いだお金を_____ています。 번 돈을 저축하고 있습니다.
339	増える (ふえる)	늘다, 증가하다 N3	残高がだんだん_____ています。 잔고가 점점 늘고 있습니다.
340	減る (へる)	줄다, 적어지다 N3	収入が_____た。 수입이 줄었다.
341	郵便局 (ゆうびんきょく)	우체국 N4	_____はどこにありますか。 우체국은 어디에 있습니까?
342	手紙 (てがみ)	편지 N5	友達に_____を書いて出しました。 친구에게 편지를 써서 부쳤습니다.
343	切手 (きって)	우표 N5	郵便局で_____を買いました。 우체국에서 우표를 샀습니다.

Hint 336 振り込ん 337 預け 338 貯め 339 増え 340 減っ

#	単語	意味	レベル	例文
344	貼る (は る)	붙이다	N4	ここに切手を_____てください。 여기에 우표를 붙이세요.
345	葉書 (は がき)	엽서	N5	きれいな_____をプレゼントしました。 예쁜 엽서를 선물했습니다.
346	封筒 (ふう とう)	봉투	N4	_____に住所と名前を書きました。 봉투에 주소와 이름을 썼습니다.
347	届く (とど く)	(보낸 것이) 도착하다	N4	今送るといつ_____ますか。 지금 보내면 언제 도착합니까?
348	重い (おも い)	무겁다	N5	荷物が_____て大変です。 짐이 무거워서 힘듭니다.
349	軽い (かる い)	가볍다	N5	_____ので一人で持てます。 가벼우니까 혼자서 들 수 있습니다.
350	コンビニ	편의점	N3	近くに_____があると便利です。 근처에 편의점이 있으면 편리합니다.

Hint 344 貼っ　347 届き　348 重く

| 351 | べんとう
弁当 | 도시락 | N4 |

この頃コンビニの ✎ が人気です。　요즘 편의점 도시락이 인기예요.

| 352 | にじゅうよ じ かん
２４時間 | 24시간 | N5 |

空いています。
24시간 열려 있습니다.

| 353 | えいぎょう
営業 | 영업 | N4 |

は午後10時までです。
영업은 오후 10시까지입니다.

| 354 | しょうみ きげん
賞味期限 | 유통기한 | N4 |

このパンは が切れています。　이 빵은 유통기한이 지났습니다.

플러스 단어

EMS (イーエムエス)	EMS, 국제 특급 우편
届ける (とどける)	(짐을) 보내다, 신고하다
郵便物 (ゆうびんぶつ)	우편물
差出人 (さしだしにん)	보내는 사람
受取人 (うけとりにん)	받는 사람, 수취인
重さを量る (おもさをはかる)	무게를 재다, 측정하다
中身 (なかみ)	내용물
ポストに入れる (ポストにいれる)	우체통에 넣다
書留 (かきとめ)	등기
速達 (そくたつ)	속달
送料 (そうりょう)	우편 요금
船便 (ふなびん)	선편, 배편
航空便 (こうくうびん)	항공 우편
宅配 (たくはい)	택배
電報 (でんぽう)	전보
年賀状 (ねんがじょう)	연하장
着く (つく)	도착하다
連絡先 (れんらくさき)	연락처
郵便番号 (ゆうびんばんごう)	우편번호
小包 (こづつみ)	소포, 작은 꾸러미
年中無休 (ねんじゅうむきゅう)	연중무휴
店舗 (てんぽ)	점포
扱う (あつかう)	취급하다, 다루다
何でもある (なんでもある)	뭐든지 있다
便利だ (べんりだ)	편리하다
お酒 (おさけ)	술
タバコ	담배
暖める (あたためる)	데우다
雑誌 (ざっし)	잡지
漫画 (まんが)	만화

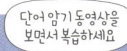

1 한자어의 읽는 법을 히라가나로 쓰고, 뜻을 적어 보세요.

1 銀行 _____ _____

2 郵便局 _____ _____

3 手紙 _____ _____

4 弁当 _____ _____

2 다음 뜻을 일본어로 써 보세요.

1 부자 _____   2 사인, 서명 _____

3 우표 _____   4 무겁다 _____

5 가볍다 _____   6 편의점 _____

3 일본어와 우리말의 뜻을 알맞게 연결해 보세요.

1 営業 ・   ① 영업

2 貯める ・   ② 유통기한

3 賞味期限 ・   ③ 이체하다, 납입하다

4 振り込む ・   ④ 모으다, 저축하다

---

1 1. ぎんこう / 은행 2. ゆうびんきょく / 우체국 3. てがみ / 편지 4. べんとう / 도시락
2 1. お金持(かねも)ち 2. サイン 3. 切手(きって) 4. 重(おも)い 5. 軽(かる)い 6. コンビニ   **3** 1. ①
2. ④ 3. ② 4. ③

Day 17

 공부순서 ☐ MP3 듣기 ➡ ☐ 단어 암기 ➡ ☐ 예문 빈칸 채우기 ➡ ☐ 단어암기 동영상

병원에서

🎧 MP3를 들어보세요

^{びょういん}
病院 병원

^{かぜ}
風邪 감기

^{ねつ}
熱 열

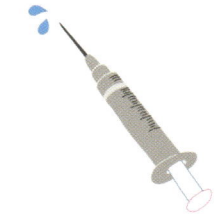
^{ちゅうしゃ}
注射 주사

^{くすり}
薬 약

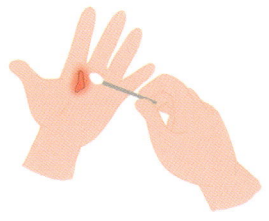
^{きず}
傷 상처

| 355 | びょういん 病院 | 병원 N5 | 近^{ちか}くに ___ はありますか。
근처에 병원이 있습니까? |

355 **病院**<ruby>びょういん</ruby> 병원 N5

近_{ちか}くに ✏️ ＿＿＿ はありますか。
근처에 병원이 있습니까?

356 **入院**<ruby>にゅういん</ruby> 입원 N4

長_{なが}い間_{あいだ}、＿＿＿ しました。
오랫동안 입원했습니다.

357 **退院**<ruby>たいいん</ruby> 퇴원 N4

明日_{あした}、やっと ＿＿＿ します。
내일 드디어 퇴원합니다.

358 **患者**<ruby>かんじゃ</ruby> 환자 N3

あの病院_{びょういん}はいつも ＿＿＿ が多_{おお}い。
저 병원은 항상 환자가 많다.

359 **医者**<ruby>いしゃ</ruby> 의사 N5

お ＿＿＿ さんは親切_{しんせつ}に説明_{せつめい}してくれました。
의사 선생님은 친절하게 설명해 주었습니다.

Tip 진료 과목

内科_{ないか}	내과	眼科_{がんか}	안과	形成外科_{けいせいげか}	성형외과
外科_{げか}	외과	皮膚科_{ひふか}	피부과	産婦人科_{さんふじんか}	산부인과
小児科_{しょうにか}	소아과	耳鼻科_{じびか}	이비인후과		
歯科_{しか}	치과	整形外科_{せいけいげか}	정형외과		

병원에서

360	かんごし 看護師	간호사 (N4)	＿＿になるのが夢です。 간호사가 되는 것이 꿈입니다.
361	びょうき 病気	병, 질병 (N5)	＿＿で学校を休みました。 아파서 학교를 쉬었습니다.
362	ぐあい 具合	형편, 상태 (N4)	体の＿＿がよくありません。 몸 상태가 좋지 않습니다.
363	けが	부상, 다침 (N4)	うちの子はよく＿＿をします。 우리 집 아이는 자주 다칩니다.
364	いたい 痛い	아프다 (N5)	朝からお腹が＿＿です。 아침부터 배가 아픕니다.
365	かぜ 風邪	감기 (N5)	＿＿をひいてしまいました。 감기에 걸리고 말았습니다.
366	ねつ 熱	열 (N4)	＿＿が出ます。 열이 납니다.

| 367 | 注射 (ちゅうしゃ) | 주사 N3 |

病院(びょういん)に行(い)って ✎ をしてもらった。　병원에 가서 주사를 맞았다.

| 368 | 診察 (しんさつ) | 진찰 N3 |

お腹(なか)の _____ をします。
배를 진찰하겠습니다.

| 369 | 薬 (くすり) | 약 N5 |

_____ は１日(いちにち)３回(さんかい)飲(の)んでください。
약은 하루에 세 번 드세요.

| 370 | 治る (なおる) | (병이) 낫다, 치료되다 N4 |

病気(びょうき)が _____ まで休(やす)んでください。
병이 나을 때까지 쉬세요.

Tip 주된 증상

鼻血(はなぢ)が出(で)る	코피가 나다	耳(みみ)なりがする	귀가 울리다
熱(ねつ)が出(で)る	열이 나다	麻痺(まひ)する	마비되다
咳(せき)が出(で)る	기침이 나다	寒気(さむけ)がする	으슬으슬 춥다, 한기가 들다
息切(いきぎ)れがする	숨이 차다	悪寒(おかん)がする	오한이 나다
気絶(きぜつ)する	기절하다	だるい	나른하다, 기운이 없다
ずきずきする	욱신욱신하다	吐(は)き気(け)がする	구역질이 나다
胸(むね)やけがする	속이 쓰리다		

371 元気 (げんき) 기운, 건강 N5
今日なぜか　　　　　がありません。
오늘 왠지 기운이 없습니다.

372 健康 (けんこう) 건강 N3
ちゃんと　　　　　に気をつけてください。　건강에 잘 신경을 써 주세요.

373 大丈夫だ (だいじょうぶ) 괜찮다, 문제없다 N5
顔色が悪いですが、　　　　　ですか。　안색이 나쁜데, 괜찮아요?

374 強い (つよい) 세다, 강하다 N5
彼は力が　　　　　です。
그는 힘이 셉니다.

375 弱い (よわい) 약하다 N5
体が　　　　　子。
몸이 약한 아이.

376 汗 (あせ) 땀 N4
運動して　　　　　が出ます。
운동해서 땀이 납니다.

377 折れる (おれる) 접히다, 꺾어지다, 부러지다 N4
足が　　　　　て入院しました。
다리가 부러져서 입원했습니다.

Hint　373 大丈夫　377 折れ

| 378 | 傷 (きず) | 상처 N3 | ▱は全部(ぜんぶ)治(なお)った？
상처는 다 나았어? |

| 379 | 虫歯 (むしば) | 충치 N3 | 甘(あま)い物(もの)が好(す)きなので▱が増(ふ)えました。
단것을 좋아해서 충치가 늘었습니다. |

| 380 | 火傷 (やけど) | 화상, 뎀 N3 | 指(ゆび)に▱しないように気(き)をつけなさい。
손가락을 데지 않도록 조심해라. |

| 381 | アレルギー | 알레르기 N3 | 猫(ねこ)▱があります。
고양이 알레르기가 있습니다. |

| 382 | かゆい | 가렵다 N3 | アレルギーで目(め)が▱。
알레르기 때문에 눈이 가렵다. |

플러스 단어

薬屋（くすりや）	약국	頭痛（ずつう）	두통
軟膏（なんこう）	연고	腹痛（ふくつう）	복통
体温計（たいおんけい）	체온계	便秘（べんぴ）	변비
健康診断（けんこうしんだん）	건강진단	鼻炎（びえん）	비염
治療（ちりょう）	치료	消化不良（しょうかふりょう）	소화 불량
手術（しゅじゅつ）	수술	下痢（げり）	설사
血液型（けつえきがた）	혈액형	ウイルス	바이러스
検査（けんさ）	검사	腫れる（はれる）	붓다
麻酔（ますい）	마취	吐く（はく）	토하다
消毒（しょうどく）	소독	めまい	현기증
処方箋（しょほうせん）	처방전	おなら	방귀
見舞い（みまい）	병문안	あくび	하품
インフルエンザ	독감, 인플루엔자	ギブス	깁스
貧血（ひんけつ）	빈혈	食中毒（しょくちゅうどく）	식중독
血圧（けつあつ）	혈압	癌（がん）	암

미니 테스트

단어 암기 동영상을
보면서 복습하세요

1 한자어의 읽는 법을 히라가나로 쓰고, 뜻을 적어 보세요.

1 病院　_____　_____

2 医者　_____　_____

3 風邪　_____　_____

4 元気　_____　_____

2 다음 뜻을 일본어로 써 보세요.

1 병, 질병 _____　　　　2 아프다 _____

3 약 _____　　　　　　　4 부상, 다침 _____

5 세다, 강하다 _____　　 6 약하다 _____

3 일본어와 우리말의 뜻을 알맞게 연결해 보세요.

1 具合　·　　　　　　　　　　　① 주사

2 注射　·　　　　　　　　　　　② 상처

3 傷　·　　　　　　　　　　　　③ 화상

4 火傷　·　　　　　　　　　　　④ 형편, 상태

---

1 1. びょういん / 병원　2. いしゃ / 의사　3. かぜ / 감기　4. げんき / 기운, 건강　**2** 1. 病気(びょうき)
2. 痛(いた)い　3. 薬(くすり)　4. けが　5. 強(つよ)い　6. 弱(よわ)い　**3** 1. ④　2. ①　3. ②　4. ③

여행

中国 (ちゅうごく) 중국

アメリカ 미국

イギリス 영국

フランス 프랑스

ドイツ 독일

イタリア 이탈리아

#	単語	韓国語	例文
383	りょこう 旅行	여행 (N4)	私(わたし)は来週(らいしゅう) _____ に行(い)きます。 나는 다음 주에 여행 갑니다.
384	けしき 景色	경치, 풍경 (N4)	_____ を見(み)ながらコーヒーを飲(の)みます。 경치를 보면서 커피를 마십니다.
385	にってい 日程	일정 (N3)	旅行(りょこう)の _____ を教(おし)えてください。 여행 일정을 알려 주십시오.
386	よやく 予約する	예약하다 (N4)	あらかじめチケットを _____ しました。 미리 표를 예약했습니다.
387	ホテル	호텔 (N5)	_____ の予約(よやく)はまだです。 호텔 예약은 아직 안 했어요.
388	りょかん 旅館	여관 (N4)	_____ はどこが有名(ゆうめい)ですか。 여관은 어디가 유명합니까?
389	と 泊まる	묵다, 숙박하다 (N4)	どのぐらい _____ ますか。 어느 정도 숙박합니까?

Hint 386 予約(よやく)　389 泊(と)まり

Day 18 여행

390 변경 N3	**変更** へんこう	변경	ホテルの_____はできません。 호텔 변경은 안 됩니다.
391	**場所** ばしょ	장소 N4	いい_____があったら行きたい。 좋은 장소가 있으면 가고 싶다.
392	**決める** き	정하다, 결정하다 N3	どこがいいか_____ましょう。 어디가 좋을지 결정합시다.
393	**宿泊する** しゅくはく	숙박하다 N3	_____ホテルはどこですか。 숙박하는 호텔은 어디입니까?
394	**キャンセル**	캔슬, 취소 N3	_____の場合は手数料がある。 취소할 경우에는 수수료가 있다.
395	**計画** けいかく	계획 N4	_____を立てて旅行に行く。 계획을 세워서 여행을 가다.
396	**経験** けいけん	경험 N3	バンジージャンプを一度_____してみたい。 번지점프를 한 번 경험해 보고 싶다.

Hint　392 決め

#	単語	韓国語	例文
397	コース	코스 (N2)	ここは2時間 ____ です。 이곳은 2시간 코스입니다.
398	温泉(おんせん)	온천 (N3)	____ に行ってゆっくり休みたいです。 온천에 가서 푹 쉬고 싶습니다.
399	外国人(がいこくじん)	외국인 (N5)	____ が私に声をかけました。 외국인이 나에게 말을 걸었습니다.
400	国内(こくない)	국내 (N4)	____ でもいいところがたくさんあります。 국내에도 좋은 곳이 많이 있어요.
401	日帰り(ひがえり)	당일치기 (N3)	____ で温泉に行きませんか。 당일치기로 온천에 가지 않을래요?
402	お土産(みやげ)	여행지 선물 (토산물) (N3)	これ、旅行の ____ です。 이거 여행에서 사 온 선물이에요.

플러스 단어

休暇 (きゅうか)	휴가(= お休み)
旅 (たび)	여행
海外旅行 (かいがいりょこう)	해외여행
国内旅行 (こくないりょこう)	국내 여행
団体旅行 (だんたいりょこう)	단체 여행
自由旅行 (じゆうりょこう)	자유 여행
修学旅行 (しゅうがくりょこう)	수학여행
パックツアー	배낭여행
新婚旅行 (しんこんりょこう)	신혼여행
クルーズ	선박 여행, 크루즈
夜景 (やけい)	야경
眺め (ながめ)	전망, 경치
航海 (こうかい)	항해
フリータイム	자유 시간

旅行代理店 (りょこうだいりてん)	여행사
観光客 (かんこうきゃく)	관광객
観光地 (かんこうち)	관광지
観光名所 (かんこうめいしょ)	관광 명소
展望台 (てんぼうだい)	전망대
パンフレット	팸플릿
車酔い (くるまよい)	차멀미
船酔い (ふなよい)	뱃멀미
グルメ	맛집, 미식가
リュックサック	배낭
記念品 (きねんひん)	기념품
芸術品 (げいじゅつひん)	예술품
写真を撮る (しゃしんをとる)	사진을 찍다
思い出をつくる (おもいでをつくる)	추억을 만들다

미니 테스트

단어 암기 동영상을 보면서 복습하세요

1 한자어의 읽는 법을 히라가나로 쓰고, 뜻을 적어 보세요.

1 旅行 _____ _____

2 予約 _____ _____

3 計画 _____ _____

4 温泉 _____ _____

2 다음 뜻을 일본어로 써 보세요.

1 호텔 _____   2 장소 _____

3 캔슬, 취소 _____   4 경험 _____

5 외국인 _____   6 국내 _____

3 일본어와 우리말의 뜻을 알맞게 연결해 보세요.

1 景色   ·   ① 여행지에서 선물로 사는 토산물

2 旅行   ·   ② 당일치기

3 日帰り   ·   ③ 경치

4 お土産   ·   ④ 여행

---

1 1. りょこう / 여행 2. よやく / 예약 3. けいかく / 계획 4. おんせん / 온천 **2** 1. ホテル 2. 場所(ばしょ)
3. キャンセル 4. 経験(けいけん) 5. 外国人(がいこくじん) 6. 国内(こくない) **3** 1. ③ 2. ④ 3. ② 4. ①

Day 19

공부순서: ☐ MP3 듣기 ➡ ☐ 단어 암기 ➡ ☐ 예문 빈칸 채우기 ➡ ☐ 단어암기 동영상

공항에서

🎧 MP3를 들어보세요

くうこう
空港 공항

ひこうき
飛行機 비행기

パスポート 여권

チケット 티켓, 입장권

にもつ
荷物 짐, 화물

かんこう
観光 관광

| 403 | 空港（くうこう） | 공항 N4 |

_____ まで 1 時間（いちじかん）かかります。
공항까지 1시간 걸립니다.

| 404 | 飛行機（ひこうき） | 비행기 N5 |

_____ に 乗（の）るのは 初（はじ）めてです。
비행기를 타는 것은 처음입니다.

| 405 | ～行（ゆ）き | ～행 N4 |

これは 東京（とうきょう）_____ の 飛行機（ひこうき）です。
이것은 도쿄행 비행기입니다.

| 406 | パスポート | 여권 N3 |

_____ を 準備（じゅんび）してください。
여권을 준비해 주십시오.

| 407 | 国（くに） | 나라, 국가 N5 |

いろいろな _____ から 来（き）た 人々（ひとびと）が 見（み）えます。 여러 나라에서 온 사람들이 보여요.

| 408 | 手続（てつづ）き | 수속, 절차 N2 |

_____ が 始（はじ）まるので、並（なら）んでください。 수속이 시작되므로 줄을 서 주세요.

| 409 | 出発（しゅっぱつ） | 출발 N4 |

_____ する 時（とき）に 連絡（れんらく）してください。
출발할 때 연락해 주세요.

410	とうちゃく **到着**	도착 N3	いつ_____するかわかりません。 언제 도착할지 모릅니다.
411	おうふく **往復**	왕복 (↔ かたみち 片道) N3	このチケットは_____ですか。 이 티켓은 왕복입니까?
412	むか **迎える**	맞이하다, 마중하다 N4	_____に来た人で空港はにぎやかです。 마중 나온 사람들로 공항은 혼잡합니다.
413	み おく **見送る**	배웅하다, 전송하다 N3	空港で娘を_____ます。 공항에서 딸을 배웅합니다.
414	あんない **案内**	안내 N4	あそこに行くと_____してくれる人がいます。 거기에 가면 안내해 주는 사람이 있습니다.
415	に もつ **荷物**	짐, 화물 N4	_____はここに置いてください。 짐은 여기에 놔 주세요.
416	**チケット**	티켓, 입장권 N4	_____を持っていらっしゃいますか。 티켓을 가지고 계십니까?

Hint 412 迎え 413 見送り

417	かんこう 観光	관광 N4	日本は [　　] ビザが必要ありません。 일본은 관광 비자가 필요 없습니다.
418	もくてき 目的	목적 N3	観光の [　　] は何ですか。 관광하는 목적은 무엇입니까?
419	かいがい 海外	해외 N3	[　　] に行ってみたいです。 해외에 가 보고 싶어요.
420	めんぜいてん 免税店	면세점 N3	[　　] でお土産を買いました。 면세점에서 여행 선물을 샀습니다.
421	はんばい 販売	판매 N3	化粧品を [　　] しています。 화장품을 판매하고 있습니다.

Tip 일본 입국심사 때 물어보는 말

パスポートを見せてくれませんか。 여권을 보여 주시겠어요?
訪問の目的は何ですか。 방문 목적은 무엇입니까?
どこに滞在しますか。 어디에 머물 예정인가요?
何日滞在する予定ですか。 며칠간 머물 예정입니까?

플러스 단어

出国（しゅっこく）	출국	金属探知機（きんぞくたんちき）	금속 탐지기
入国（にゅうこく）	입국	検疫（けんえき）	검역
ビザ	비자	検査（けんさ）	검사
搭乗券（とうじょうけん）	탑승권	離陸（りりく）	이륙
旅客機（りょかくき）	여객기	着陸（ちゃくりく）	착륙
カート	카트	待合室（まちあいしつ）	대합실
空港カウンター（くうこう）	공항 터미널	見（み）つかる	찾게 되다, 발견되다
国内線（こくないせん）	국내선	遅（おく）れる	늦다, 더디다
国際線（こくさいせん）	국제선	乗務員（じょうむいん）	(객실) 승무원
滑走路（かっそうろ）	활주로	パイロット	조종사, 기장
管制塔（かんせいとう）	관제탑	非常口（ひじょうぐち）	비상구
手荷物（てにもつ）	수화물	窓側（まどがわ）	창가, 창쪽
スーツケース	슈트케이스, 여행 가방	座席（ざせき）	좌석
ターミナルビル	공항 종합 청사	世界（せかい）	세계
出入国審査（しゅつにゅうこくしんさ）	출입국 심사	時差（じさ）ぼけ	시차병

미니 테스트

1 한자어의 읽는 법을 히라가나로 쓰고, 뜻을 적어 보세요.

1 飛行機 _____ _____

2 空港 _____ _____

3 出発 _____ _____

4 案内 _____ _____

2 다음 뜻을 일본어로 써 보세요.

1 여권 _____   2 도착 _____

3 목적 _____   4 배웅하다 _____

5 해외 _____   6 판매 _____

3 일본어와 우리말의 뜻을 알맞게 연결해 보세요.

1 迎える ·   ① 수속, 절차

2 手続き ·   ② 맞이하다, 마중하다

3 チケット ·   ③ 면세점

4 免税店 ·   ④ 티켓

---

1 1. ひこうき / 비행기 2. くうこう / 공항 3. しゅっぱつ / 출발 4. あんない / 안내 **2** 1. パスポート
2. 到着(とうちゃく) 3. 目的(もくてき) 4. 見送(みおく)る 5. 海外(かいがい) 6. 販売(はんばい) **3** 1. ②
2. ① 3. ④ 4. ③

Day 20

공부순서: ☐ MP3 듣기 ➡ ☐ 단어 암기 ➡ ☐ 예문 빈칸 채우기 ➡ ☐ 단어암기 동영상

취미 생활

MP3를 들어보세요

ピアノを弾く 피아노를 치다

映画を見る 영화를 보다

音楽を聴く 음악을 듣다

歌を歌う 노래를 부르다

絵を描く 그림을 그리다

本を読む 책을 읽다

#	単語	意味	例文
422	趣味（しゅみ）	취미 (N4)	どんな 趣味 を持っていますか。 어떤 취미를 갖고 있습니까?
423	ピアノ	피아노 (N4)	ピアノ は5歳（ごさい）から習（なら）いました。 피아노는 5살부터 배웠습니다.
424	弾く（ひく）	연주하다, 치다 (N4)	ピアノを 弾く ことができますか。 피아노를 칠 수 있습니까?
425	ギター	기타 (N5)	ギター は一度（いちど）も弾（ひ）いたことがありません。 기타는 한 번도 쳐 본 적이 없어요.
426	楽器（がっき）	악기 (N3)	いろいろな 楽器 が弾（ひ）けます。 여러 가지 악기를 칠 수 있습니다.
427	映画（えいが）	영화 (N4)	映画 を見（み）るのが好（す）きです。 영화를 보는 것을 좋아합니다.
428	音楽（おんがく）	음악 (N5)	趣味（しゅみ）は 音楽 を聴（き）くことです。 취미는 음악을 듣는 것입니다.

| 436 | 読書 どくしょ | 독서 N3 | 忙しいので ✎_____ する時間がない。 바빠서 독서할 시간이 없다. |

| 437 | コンサート | 콘서트 N4 | _____ に行くために貯金しています。 콘서트에 가기 위해 저금하고 있어요. |

| 438 | ファン | 팬 N1 | その歌を聴いて _____ になりました。 그 노래를 듣고 팬이 되었습니다. |

| 439 | 歌う うた | 노래 부르다 N5 | カラオケで _____ ましょう。 노래방에서 노래 부릅시다. |

| 440 | 踊る おど | 춤추다 N4 | アイドルダンスを真似して _____ 。 아이돌 댄스를 흉내 내서 춤추다. ★ 真似(まね)をする 흉내를 내다 |

| 441 | 下手だ へた | 서투르다, 잘 못하다 N4 | 私は歌が _____ です。 나는 노래를 잘 못해요. |

| 442 | 続ける つづ | 계속하다 N4 | ヨガを今も _____ ています。 요가를 지금도 계속하고 있습니다. |

Hint 439 歌い　441 下手　442 続け

Day 20 취미 생활

플러스 단어

収集（しゅうしゅう）	수집	劇場（げきじょう）	극장
絵画（かいが）	회화	映画館（えいがかん）	영화관
編み物（あみもの）	뜨개질	舞台（ぶたい）	무대
刺繍（ししゅう）	자수	入場料（にゅうじょうりょう）	입장료
縫い物（ぬいもの）	재봉, 바느질	司会（しかい）	사회
書道（しょどう）	서예	歌手（かしゅ）	가수
生け花（いけばな）	꽃꽂이	人気（にんき）	인기
山登り（やまのぼり）	등산	演劇（えんげき）	연극
ハイキング	하이킹, 도보 여행	拍手（はくしゅ）	박수
釣り（つり）	낚시	踊り（おどり）	춤, 댄스(= ダンス)
ドライブ	드라이브	有名だ（ゆうめいだ）	유명하다
ミュージカル	뮤지컬	興味（きょうみ）	흥미
オペラ	오페라	関心（かんしん）	관심
演奏会（えんそうかい）	연주회	はまっている	빠져 있다
陶芸（とうげい）	도자기 공예	目がない（めがない）	매우 좋아하다

미니 테스트

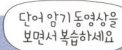

1 한자어의 읽는 법을 히라가나로 쓰고, 뜻을 적어 보세요.

1 趣味 _____ _____

2 映画 _____ _____

3 音楽 _____ _____

4 写真 _____ _____

2 다음 뜻을 일본어로 써 보세요.

1 피아노 _____   2 기타 _____

3 애니메이션 _____   4 콘서트 _____

5 드라마 _____   6 카메라 _____

3 일본어와 우리말의 뜻을 알맞게 연결해 보세요.

1 歌う　・　　　　　　　① 계속하다

2 踊る　・　　　　　　　② 노래 부르다

3 続ける　・　　　　　　③ 춤추다

4 下手だ　・　　　　　　④ 서투르다, 잘하지 못하다

---

1 1. しゅみ / 취미 2. えいが / 영화 3. おんがく / 음악 4. しゃしん / 사진 **2** 1. ピアノ 2. ギター 3. アニメ(ーション) 4. コンサート 5. ドラマ 6. カメラ **3** 1. ② 2. ③ 3. ① 4. ④

Day 21

공부 순서: ☐ MP3 듣기 ➡ ☐ 단어 암기 ➡ ☐ 예문 빈칸 채우기 ➡ ☐ 단어암기 동영상

운동 · 스포츠

MP3를 들어보세요

サッカー 축구

野球(やきゅう) 야구

バスケットボール 농구

水泳(すいえい) 수영

ゴルフ 골프

マラソン 마라톤

443	運動(うんどう)	운동 N4	どんな ____ をしていますか。 어떤 운동을 하고 있습니까?
444	スポーツ	스포츠 N5	____ は見(み)るのが好(す)きです。 스포츠는 보는 것을 좋아합니다.
445	野球(やきゅう)	야구 N3	高校(こうこう)で ____ をしました。 고등학교에서 야구를 했습니다.
446	サッカー	축구 N3	野球(やきゅう)と ____ とどちらが好(す)きですか。 야구랑 축구 중 어느 쪽을 좋아합니까?
447	ボール	공 N4	____ とお弁当(べんとう)を持(も)って行(い)く。 공과 도시락을 갖고 가다.
448	投(な)げる	던지다 N4	こっちにボールを ____ て。 이쪽으로 공을 던져.
449	打(う)つ	치다 N4	ボールをちゃんと見(み)ながら ____ ましょう。 공을 잘 보면서 칩시다.

Hint 448 投(な)げ 449 打(う)ち

#	単語	意味	例文
450	取る	잡다, 쥐다 (N4)	手でボールを _____ 。 손으로 공을 잡다.
451	落とす	떨어뜨리다 (N4)	取ったボールを _____ てしまった。 잡은 공을 떨어뜨리고 말았다.
452	水泳	수영 (N4)	健康のために _____ を始めた。 건강을 위해 수영을 시작했다.
453	泳ぐ	헤엄치다 (N5)	海で _____ のは難しい。 바다에서 헤엄치는 것은 어렵다.
454	プール	수영장 (N4)	_____ で泳いでいます。 수영장에서 헤엄치고 있습니다.
455	試合	시합 (N4)	サッカーの _____ を見に行きます。 축구 시합을 보러 갑니다.
456	勝つ	이기다, 승리하다 (N4)	次の試合では _____ たいです。 다음 시합에서는 이기고 싶습니다.

Hint 451 落とし　456 勝ち

#	単語	意味	例文
457	**負ける** (ま)	지다, 패하다 N4	_____てとても悔しい。 져서 너무 분하다.
458	**一生懸命に** (いっしょうけんめい)	열심히 N4	_____に練習している。 열심히 연습하고 있다.
459	**頑張る** (がんば)	노력하다, 힘내다 N4	みんな_____ましょう。 모두 힘냅시다.
460	**選手** (せんしゅ)	선수 N4	その_____は強い。 그 선수는 강하다.
461	**競争** (きょうそう)	경쟁 N3	アメリカと_____します。 미국과 경쟁합니다.
462	**相手** (あいて)	상대, 상대방 N3	_____のチームも応援しました。 상대 팀도 응원했습니다.
463	**得意だ** (とくい)	잘하다, 자신 있다 N3	私はスキーが_____です。 나는 스키를 잘 탑니다.

Hint 457 負け　458 一生懸命　459 頑張り　463 得意

플러스 단어

苦手だ (にがて)	잘하지 못하다, 서툴다	金メダル (きん)	금메달
楽しむ (たの)	즐기다	銀メダル (ぎん)	은메달
規則 (きそく)	규칙, 룰(=ルール)	銅メダル (どう)	동메달
競技 (きょうぎ)	경기	監督 (かんとく)	감독
応援 (おうえん)	응원	ライバル	라이벌
優勝 (ゆうしょう)	우승	決勝戦 (けっしょうせん)	결승전
準優勝 (じゅんゆうしょう)	준우승	守備 (しゅび)	수비
引き分け (ひわ)	무승부	ゴールイン	골인, 골
引き分ける (ひわ)	비기다	退場 (たいじょう)	퇴장
オリンピック	올림픽	審判 (しんぱん)	심판
ワールドカップ	월드컵	ホームラン	홈런

Tip 여러 가지 운동

野球 (やきゅう)	야구	バドミントン	배드민턴
サッカー	축구	マラソン	마라톤
バスケットボール	농구	ゴルフ	골프
バレーボール	배구	水泳 (すいえい)	수영
テニス	테니스	ヨガ	요가

미니 테스트

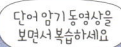

1 한자어의 읽는 법을 히라가나로 쓰고, 뜻을 적어 보세요.

1 運動 _____ _____

2 野球 _____ _____

3 水泳 _____ _____

4 試合 _____ _____

2 다음 뜻을 일본어로 써 보세요.

1 스포츠 _____   2 축구 _____

3 공 _____   4 수영장 _____

5 선수 _____   6 잘하다, 자신 있다 _____

3 일본어와 우리말의 뜻을 알맞게 연결해 보세요.

1 相手 ・   ① 이기다, 승리하다

2 勝つ ・   ② 상대, 상대방

3 一生懸命に ・   ③ 노력하다, 힘내다

4 頑張る ・   ④ 열심히

---

1 1. うんどう / 운동 2. やきゅう / 야구 3. すいえい / 수영 4. しあい / 시합   **2** 1. スポーツ 2. サッカー
3. ボール 4. プール 5. 選手(せんしゅ) 6. 得意(とくい)だ   **3** 1. ② 2. ① 3. ④ 4. ③

Day 21 운동・스포츠 149

Day 22

 공부순서 ☐ MP3 듣기 ➡ ☐ 단어 암기 ➡ ☐ 예문 빈칸 채우기 ➡ ☐ 단어암기 동영상

컴퓨터 · 인터넷

🎧 MP3를 들어보세요

コンピューター 컴퓨터

ドキュメント 문서

ゴミ箱(ばこ) 휴지통

ネットワーク 네트워크

メモ帳(ちょう) 메모장

ペイント 그림판

464	コンピューター	컴퓨터 N4	_____を使う。 컴퓨터를 사용하다.
465	パソコン	PC N4	_____を2台も持っている。 PC를 두 대나 갖고 있다.
466	ファイル	파일 N3	_____を確認してください。 파일을 확인해 주세요.
467	データ	데이터 N3	新しい_____です。 새로운 데이터입니다.
468	クリック	클릭 N3	_____すると見えます。 클릭하면 보입니다.
469	整理(せいり)	정리 N3	ファイルを_____して一つに集めた。 파일을 정리해서 하나로 모았다.
470	つながる	연결되다, 이어지다 N2	パソコンとプリンターが_____ません。 PC와 프린터가 연결이 되지 않아요.

Hint 470 つながり

471 ☐☐☐	消^きえる	꺼지다, 없어지다 N5	コンピューターが急^{きゅう}に_____ました。 컴퓨터가 갑자기 꺼졌습니다.
472 ☐☐☐	ホームページ	홈페이지 N1	_____に案内^{あんない}が出^でています。 홈페이지에 안내가 나와 있습니다.
473 ☐☐☐	ダウンロード	다운로드 N1	サイトから_____できます。 사이트에서 다운로드할 수 있습니다.
474 ☐☐☐	閉^とじる	닫다 N4	画面^{がめん}を_____。 화면을 닫다.
475 ☐☐☐	故障^{こしょう}	고장 N4	ウイルスでパソコンが_____している。 바이러스로 PC가 고장 나 있다.
476 ☐☐☐	壊^{こわ}れる	깨지다, 파손되다 N4	あちこち触^{さわ}ると_____ますよ。 여기저기 만지면 고장 나요.
477 ☐☐☐	直^{なお}す	고치다 N4	これは_____ことができますか。 이것은 고칠 수 있습니까?

Hint 471 消え 476 壊れ

#	日本語	韓国語	例文
478	修理(しゅうり)	수리	◯◯◯◯して使(つか)えるようになりました。 수리해서 사용할 수 있게 되었습니다.
479	インターネット	인터넷	◯◯◯◯でニュースを見(み)ています。 인터넷으로 뉴스를 봅니다.
480	保存(ほぞん)する	저장하다	データは◯◯◯◯しましたか。 데이터는 저장했습니까?
481	管理(かんり)する	관리하다	ブログを毎日(まいにち)◯◯◯◯のは大変(たいへん)です。 블로그를 매일 관리하는 것은 힘듭니다.
482	情報(じょうほう)	정보	インターネットでいろいろな◯◯◯◯があります。 인터넷에 다양한 정보가 있어요.
483	電子(でんし)メール	전자 메일	◯◯◯◯を送(おく)ります。 전자 메일을 보냅니다.
484	アドレス	주소	若者(わかもの)はメール◯◯◯◯をメアドと言(い)います。 젊은 사람들은 메일 주소를 '메아도'라고 합니다.

Hint 480 保存(ほぞん)

Day 22 컴퓨터 · 인터넷

플러스 단어

ノートパソコン	노트북
モニター	모니터
キーボード	키보드
マウス	마우스
プリンター	프린터
スキャナー	스캐너
スピーカー	스피커
ハードディスク	하드디스크
付(ふ)属(ぞく)	부속
ケーブル	케이블
電(でん)源(げん)を切(き)る	전원을 끄다
電(でん)源(げん)を入(い)れる	전원을 넣다
壊(こわ)す	부수다, 고장 내다
直(なお)る	고쳐지다
ワイファイ	와이파이(Wi-Fi)
作(さ)動(どう)	작동
サイト	사이트
ユーザー	유저
ブログ	블로그
チャット	채팅
文(ぶん)書(しょ)作(さく)成(せい)	문서 작성
添(てん)付(ぷ)する	첨부하다
文(も)字(じ)化(ば)け	글자 깨짐
送(そう)信(しん)する	송신하다
受(じゅ)信(しん)する	수신하다
迷(めい)惑(わく)メール	스팸 메일
動(どう)画(が)	동영상
削(さく)除(じょ)	삭제
取(と)り消(け)し	취소
情(じょう)報(ほう)を得(え)る	정보를 얻다

단어 암기 동영상을 보면서 복습하세요

1 한자어의 읽는 법을 히라가나로 쓰고, 뜻을 적어 보세요.

1 整理 _____ _____

2 故障 _____ _____

3 修理 _____ _____

4 情報 _____ _____

2 다음 뜻을 일본어로 써 보세요.

1 컴퓨터 _____   2 PC _____

3 홈페이지 _____   4 인터넷 _____

5 전자 메일 _____   6 주소 _____

3 일본어와 우리말의 뜻을 알맞게 연결해 보세요.

1 消える ・   ① 깨지다, 파손되다

2 壊れる ・   ② 꺼지다, 없어지다

3 つながる ・   ③ 저장하다

4 保存する ・   ④ 연결되다

---

1 1. せいり / 정리 2. こしょう / 고장 3. しゅうり / 수리 4. じょうほう / 정보 **2** 1. コンピューター 2. パソコン 3. ホームページ 4. インターネット 5. 電子(でんし)メール 6. アドレス **3** 1. ② 2. ① 3. ④ 4. ③

Day 23

공부순서: ☐ MP3 듣기 ➡ ☐ 단어 암기 ➡ ☐ 예문 빈칸 채우기 ➡ ☐ 단어암기 동영상

전화 · 통신

MP3를 들어보세요

- メッセージ 메시지
- カレンダー 캘린더
- 写真(しゃしん) 사진
- カメラ 카메라
- 天気(てんき) 날씨
- 時計(とけい) 시계
- マップ 지도
- ビデオ 비디오
- 電話(でんわ) 전화
- メール 메일
- ミュージック 뮤직, 음악

#	단어	뜻	예문
485	電話 (でんわ)	전화 (N5)	スケジュールは___で連絡する。 스케줄은 전화로 연락한다.
486	ケータイ	휴대전화, 핸드폰 (N3)	どこに置いたか、___がない。 어디에 뒀는지 핸드폰이 없다. ★ ケータイ는 携帯電話(けいたいでんわ)의 준말입니다.
487	電話番号 (でんわばんごう)	전화번호 (N5)	___が変りました。 전화번호가 바뀌었습니다.
488	かける	걸다 (N4)	電話を___ても出ません。 전화를 걸어도 받지 않습니다.
489	鳴る (なる)	울리다, 소리가 나다 (N4)	ベルが何回も___ています。 벨이 몇 번이나 울리고 있습니다.
490	声 (こえ)	목소리 (N5)	___が小さいです。 목소리가 작습니다.
491	聞こえる (きこえる)	들리다 (N4)	よく___ません。 잘 안 들려요.

Hint 488 かけ 489 鳴っ 491 聞こえ

#	日本語	韓国語	例文
499	画面(がめん)	화면 N3	スマートフォンは【画面】がいろいろあります。 스마트폰은 화면이 여러 가지 있습니다.
500	操作(そうさ)	조작 N2	お年寄(としよ)りには【操作】が難(むずか)しい。 나이 드신 분에게는 조작이 어렵다.
501	文字(もじ)	문자, 글자 N3	【文字】が小(ちい)さくて見(み)えません。 글자가 작아서 안 보입니다.
502	記号(きごう)	기호 N2	【記号】を入(い)れたいです。 기호를 넣고 싶습니다.
503	機能(きのう)	기능 N2	【機能】がわかりやすい。 기능이 알기 쉽다.
504	電波(でんぱ)	전파 N2	【電波】が悪(わる)くて電話(でんわ)ができません。 전파가 나빠서 전화가 안 됩니다.
505	入力(にゅうりょく)	입력 N3	【入力】ボタンを押(お)します。 입력 버튼을 누릅니다.

Tip '이모티콘'은 일본어로 '顔文字(かおもじ) 얼굴 문자' 또는 '絵文字(えもじ) 그림 문자'라고 합니다.

플러스 단어

電話帳	전화번호부	間違い電話	잘못 걸린 전화
受話器	수화기	地域番号	지역 번호
ベルの音	벨 소리	国番号	국가 번호
言葉	말	通話中	통화중
不在	부재	かけ直す	다시 걸다
着信	착신, 부재중 전화	電話に出る	전화를 받다
スマートフォン	스마트폰(=スマホ)	電池が切れる	배터리가 떨어지다
マナーモード	진동 모드	充電器	충전기
振動	진동	着信拒否	수신 거부
着メロ	(휴대폰) 수신 벨소리	通話ボタン	통화 버튼
登録する	등록하다	終了ボタン	종료 버튼
編集する	편집하다	機種変更	기종 변경
国際電話	국제 전화	アプリ(ケーション)	애플리케이션, 앱
公衆電話	공중전화	検索する	검색하다
いたずら電話	장난 전화		

미니 테스트

단어 암기 동영상을
보면서 복습하세요

1 한자어의 읽는 법을 히라가나로 쓰고, 뜻을 적어 보세요.

1 伝言 _____ _____

2 文字 _____ _____

3 機能 _____ _____

4 操作 _____ _____

2 다음 뜻을 일본어로 써 보세요.

1 목소리 _____   2 여보세요 _____

3 메시지 _____   4 걸다 _____

5 화면 _____   6 입력 _____

3 일본어와 우리말의 뜻을 알맞게 연결해 보세요.

1 伝える ·   ① 전파

2 留守電 ·   ② 부재중 전화

3 鳴る ·   ③ 전하다, 알리다

4 電波 ·   ④ 울리다, 소리가 나다

---

1 1. でんごん / 전언, 남기는 말 2. もじ / 문자, 글자 3. きのう / 기능 4. そうさ / 조작 **2** 1. 声(こえ)
2. もしもし 3. メッセージ 4. かける 5. 画面(がめん) 6. 入力(にゅうりょく) **3** 1. ③ 2. ② 3. ④ 4. ①

Day 24

 공부순서 ☐ MP3 듣기 ➡ ☐ 단어 암기 ➡ ☐ 단어암기 동영상

숫자와 시간

🎧 MP3를 들어보세요

 いち

 に

 さん

 し / よ / よん

 ご

 ろく

 しち / なな

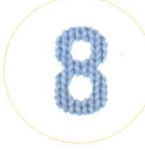 はち

 きゅう / く

 じゅう

숫자 익히기

11~19	11	12	13	14
	じゅういち	じゅうに	じゅうさん	じゅうよん /じゅうし
15	16	17	18	19
じゅうご	じゅうろく	じゅうしち	じゅうはち	じゅうきゅう /じゅうく

10단위	10	20	30	40
	じゅう	にじゅう	さんじゅう	よんじゅう
50	60	70	80	90
ごじゅう	ろくじゅう	ななじゅう /しちじゅう	はちじゅう	きゅうじゅう

100단위	100	200	300	400
	ひゃく	にひゃく	さんびゃく	よんひゃく
500	600	700	800	900
ごひゃく	ろっぴゃく	ななひゃく	はっぴゃく	きゅうひゃく

<ruby>千<rt>せん</rt></ruby> 1,000(천)

<ruby>一万<rt>いちまん</rt></ruby> 10,000(일만)

<ruby>十万<rt>じゅうまん</rt></ruby> 100,000(십만)

<ruby>百万<rt>ひゃくまん</rt></ruby> 1,000,000(백만)

<ruby>千万<rt>せんまん</rt></ruby> 10,000,000(천만)

<ruby>一億<rt>いちおく</rt></ruby> 100,000,000(일억)

<ruby>一兆<rt>いっちょう</rt></ruby> 1,000,000,000,000(일조)

0은 **ゼロ**, <ruby>零<rt>れい</rt></ruby>, **まる**의 세 가지 읽는 법이 있습니다.

 **개수 세기**

ひとつ 하나

ふたつ 둘

みっつ 셋

よっつ 넷

いつつ 다섯

むっつ 여섯

ななつ 일곱

やっつ 여덟

ここのつ 아홉

とお 열

플러스 단어

計算 (けいさん)	계산	掛け算 (かざん)	곱셈
数える (かぞえる)	세다, 계산하다	割り算 (わざん)	나눗셈
足す (たす)	더하다	奇数 (きすう)	홀수
引く (ひく)	빼다	偶数 (ぐうすう)	짝수
掛ける (かける)	곱하다	いくつ / 何個 (なんこ)	몇 개
割る (わる)	나누다	いくら	얼마
足し算 (たざん)	덧셈		
引き算 (ひきざん)	뺄셈		

これ、いくらですか。
이거 얼마예요?

1万4千円です。 (いちまんよんせんえん)
만 사천 엔입니다.

시간 말하기

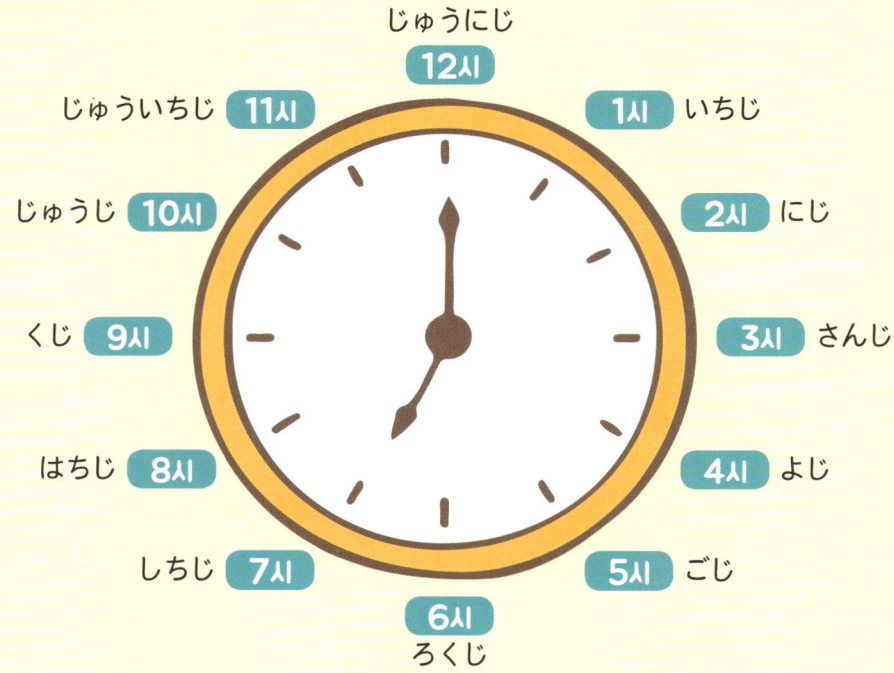

1분	いっぷん	6분	ろっぷん
2분	にふん	7분	ななふん
3분	さんぷん	8분	はちふん / はっぷん
4분	よんぷん	9분	きゅうふん
5분	ごふん	10분	じゅっぷん / じっぷん

플러스 단어

時間(じかん)	시간
時(じ)	시
分(ふん)	분 (ぶん 또는 ぷん으로도 읽힘)
秒(びょう)	초
何時(なんじ)	몇 시
何分(なんぷん)	몇 분
5時間(ごじかん)	5시간
1時半(いちじはん)	1시 반
5分前(ごふんまえ)	5분 전
10分前(じゅっぷんまえ)	10분 전
今(いま)	지금
過(す)ぎる	지나다
間(ま)に合(あ)う	시간에 맞게 대다, 맞게 가다
早(はや)く	일찍
早(はや)めに	일찌감치
遅(おそ)く	늦게
朝一番(あさいちばん)	아침 일찍, 일어나자마자

夜明(よあ)け 새벽 朝(あさ) 아침 午前(ごぜん) 오전 ➡ 正午(しょうご) 정오

昼(ひる) 낮 午後(ごご) 오후 夕方(ゆうがた) 저녁 夜(よる) 밤

방향과 위치

郵便局(ゆうびんきょく)の後(うし)ろに 公園(こうえん)があります。
우체국 뒤에 공원이 있습니다.

ビルの左(ひだり)に 郵便局(ゆうびんきょく)があります。
빌딩 왼쪽에 우체국이 있습니다.

コンビニは ホテルの前(まえ)にあります。
편의점은 호텔 앞에 있습니다.

上 위　　　下 아래　　　中 안, 속

外 겉, 밖　　　前 앞　　　後ろ 뒤

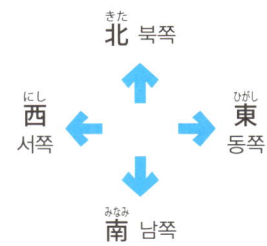

右 오른쪽　　　左 왼쪽　　　東西南北 동서남북

플러스 단어

ここ	여기	表(おもて)	겉, 겉면
そこ	거기	中央(ちゅうおう)	중앙
あそこ	저기	中心(ちゅうしん)	중심
どこ	어디	センター	센터
こちら	이쪽(=こっち)	周(まわ)り	주위, 주변
そちら	그쪽(=そっち)	奥(おく)	깊숙한 곳, 속
あちら	저쪽(=あっち)	手前(てまえ)	자기 앞, 자기에게 가까운 쪽
どちら	어느 쪽(=どっち)	斜(なな)め	경사짐, 비스듬함
横(よこ)	가로, 옆(쪽)	角(かど)	모난 귀퉁이
縦(たて)	세로	隅(すみ)	구석, 모퉁이
内(うち)	안쪽	端(はし)	끝, 가장자리
中間(ちゅうかん)	중간	周辺(しゅうへん)	주변
向(む)かい側(がわ)	맞은편	側(そば)	곁, 옆
裏(うら)	속, 안감	コーナー	코너, 귀퉁이

Tip ~っち보다 ~ちら가 공손한 표현입니다.

 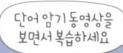 

미니 테스트

1 한자어의 읽는 법을 히라가나로 쓰고, 뜻을 적어 보세요.

1 東 _____ _____

2 西 _____ _____

3 南 _____ _____

4 北 _____ _____

2 다음 뜻을 일본어로 써 보세요.

1 위 _____　　2 아래 _____

3 오른쪽 _____　　4 왼쪽 _____

5 안, 속 _____　　6 뒤 _____

3 일본어와 우리말의 뜻을 알맞게 연결해 보세요.

1 ここ ・　　　　　① 어느 쪽

2 あそこ ・　　　　　② 그쪽

3 そちら ・　　　　　③ 저기

4 どちら ・　　　　　④ 여기

---

1 1. ひがし / 동쪽 2. にし / 서쪽 3. みなみ / 남쪽 4. きた / 북쪽   **2** 1. 上(うえ) 2. 下(した) 3. 右(みぎ)
4. 左(ひだり) 5. 中(なか) 6. 後(うし)ろ   **3** 1. ④ 2. ③ 3. ② 4. ①

Day 25 방향과 위치　171

날짜

昨日(きのう) 어제

明日(あした) 내일

一昨日(おととい) 그저께

今日(きょう) 오늘

明後日(あさって) 모레

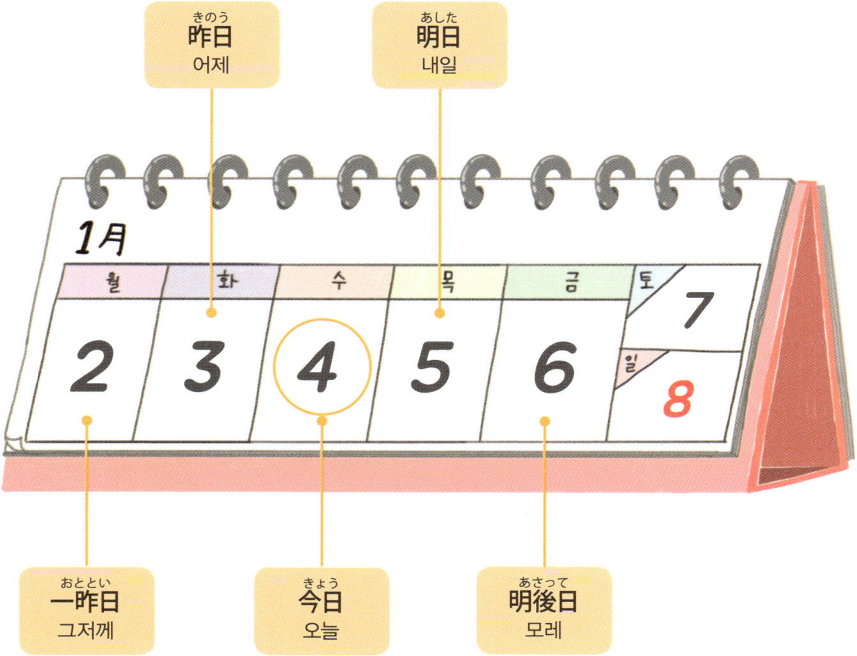

 1~31일

1日 ついたち	2日 ふつか	3日 みっか	4日 よっか	5日 いつか
6日 むいか	7日 なのか	8日 ようか	9日 ここのか	10日 とおか

11日 じゅういちにち	12日 じゅうににち	13日 じゅうさんにち	14日 じゅうよっか	15日 じゅうごにち
16日 じゅうろくにち	17日 じゅうしちにち	18日 じゅうはちにち	19日 じゅうくにち	20日 はつか
21日 にじゅういちにち	22日 にじゅうににち	23日 にじゅうさんにち	24日 にじゅうよっか	25日 にじゅうごにち
26日 にじゅうろくにち	27日 にじゅうしちにち	28日 にじゅうはちにち		
29日 にじゅうくにち	30日 さんじゅうにち	31日 さんじゅういちにち		

 **1~12월**

| 1月 | 2月 | 3月 | 4月 |
| いちがつ | にがつ | さんがつ | しがつ |

| 5月 | 6月 | 7月 | 8月 |
| ごがつ | ろくがつ | しちがつ | はちがつ |

| 9月 | 10月 | 11月 | 12月 |
| くがつ | じゅうがつ | じゅういちがつ | じゅうにがつ |

彼女(かのじょ)のお誕生日(たんじょうび)は いつですか。
그녀의 생일은 언제입니까?

4月24日(しがつにじゅうよっか)です。
4월 24일입니다.

플러스 단어

단어 앙기 동영상을 보면서 복습하세요

一昨年 (おととし)	재작년	昨日 (きのう)	어제
去年 / 昨年 (きょねん / さくねん)	작년	今日 (きょう)	오늘
今年 (ことし)	올해	明日 (あした)	내일
来年 (らいねん)	내년	明後日 (あさって)	모레
再来年 (さらいねん)	내후년	月曜日 (げつようび)	월요일
先々月 (せんせんげつ)	지지난달	火曜日 (かようび)	화요일
先月 (せんげつ)	지난달	水曜日 (すいようび)	수요일
今月 (こんげつ)	이번 달	木曜日 (もくようび)	목요일
来月 (らいげつ)	다음 달	金曜日 (きんようび)	금요일
再来月 (さらいげつ)	다다음 달	土曜日 (どようび)	토요일
先々週 (せんせんしゅう)	지지난주	日曜日 (にちようび)	일요일
先週 (せんしゅう)	지난주	何年 (なんねん)	몇 년
今週 (こんしゅう)	이번 주	何月 (なんがつ)	몇 월
来週 (らいしゅう)	다음 주	何日 (なんにち)	며칠
再来週 (さらいしゅう)	다다음 주	平日 (へいじつ)	평일
一昨日 (おととい)	그저께	週末 (しゅうまつ)	주말

Day 27

 공부순서 ☐ MP3 듣기 ➡ ☐ 단어 암기 ➡ ☐ 예문 빈칸 채우기 ➡ ☐ 단어암기 동영상

일상생활 필수 동사

🎧 MP3를 들어보세요

起きる 일어나다

洗う 씻다

食べる 먹다

飲む 마시다

話す 말하다, 이야기하다

寝る 자다

506 する	하다 N5	ゲームを ____ 。 게임을 하다.
507 行く	가다 N5	学校に ____ 。 학교에 가다.
508 来る	오다 N5	春が ____ 。 봄이 오다.
509 見る	보다 N5	テレビを ____ 。 텔레비전을 보다.
510 言う	말하다 N5	名前を ____ 。 이름을 말하다.
511 聞く	듣다 N5	音楽を ____ 。 음악을 듣다.
512 書く	쓰다 N5	日記を ____ 。 일기를 쓰다.

513	読む	읽다 N5	本を _____。 책을 읽다.
514	話す	이야기하다 N5	お母さんに全部 _____。 엄마에게 전부 이야기하다.
515	教える	가르치다 N5	英語を _____。 영어를 가르치다.
516	習う	배우다 N5	日本語を _____。 일본어를 배우다.
517	走る	달리다 N4	公園を _____。 공원을 달리다.
518	歩く	걷다 N5	ゆっくり _____。 천천히 걷다.
519	立つ	서다 N5	椅子から _____。 의자에서 일어서다.

520	座る（すわる）	앉다 N5	ソファーに ____。 소파에 앉다.
521	待つ（まつ）	기다리다 N5	駅で ____。 역에서 기다리다.
522	着る（きる）	입다 N5	服を ____。 옷을 입다.
523	開ける（あける）	열다 N5	ドアを ____。 문을 열다.
524	閉める（しめる）	닫다 N5	窓を ____。 창문을 닫다.
525	入る（はいる）	들어가다 N5	会社に ____。 회사에 들어가다.
526	入れる（いれる）	넣다 N5	ポケットに ____。 주머니에 넣다.

Day 27 일상생활 필수 동사

| 527 | あげる | 주다 | N5 |

プレゼントを ✎_____。
선물을 주다.

| 528 | もらう | 받다 | N4 |

手紙(てがみ)を _____。
편지를 받다.

| 529 | 買(か)う | 사다 | N5 |

車(くるま)を _____。
차를 사다.

| 530 | 売(う)る | 팔다 | N5 |

果物(くだもの)を _____。
과일을 팔다.

| 531 | 借(か)りる | 빌리다 | N5 |

漫画(まんが)を _____。
만화책을 빌리다.

| 532 | 出(で)る | 나가다, 나오다 | N5 |

大学(だいがく)を _____。
대학을 나오다.

| 533 | 帰(かえ)る | 돌아오다 | N5 |

家(いえ)に _____。
집에 돌아가다.

미니 테스트

1 빈칸에 들어갈 동사를 적어 보세요.

1 게임을 하다   ゲームを _____

2 텔레비전을 보다   テレビを _____

3 문을 열다   ドアを _____

4 집에 돌아오다   家に _____

2 다음 뜻을 일본어로 써 보세요.

1 가다 _____   2 오다 _____

3 듣다 _____   4 쓰다 _____

5 읽다 _____   6 걷다 _____

3 일본어와 우리말의 뜻을 알맞게 연결해 보세요.

1 教える   ·   ① 사다

2 習う   ·   ② 달리다

3 走る   ·   ③ 배우다

4 買う   ·   ④ 가르치다

---

1 1. する 2. 見(み)る 3. 開(あ)ける 4. 帰(かえ)る **2** 1. 行(い)く 2. 来(く)る 3. 聞(き)く 4. 書(か)く
5. 読(よ)む 6. 歩(ある)く **3** 1. ④ 2. ③ 3. ② 4. ①

공부순서 ☐ MP3 듣기 ➡ ☐ 단어 암기 ➡ ☐ 예문 빈칸 채우기 ➡ ☐ 단어암기 동영상

형용사, 부사, 접속사 총정리

MP3를 들어보세요

大^{おお}きい 크다 ↔ 小^{ちい}さい 작다

多^{おお}い 많다 ↔ 少^{すく}ない 적다

長^{なが}い 길다 ↔ 短^{みじか}い 짧다

高^{たか}い 높다, 비싸다 ↔ 低^{ひく}い 낮다

왕초보 필수 형용사

534 いい 좋다 (=よい) N5

天気（てんき）が ___ 。
날씨가 좋다.

535 悪（わる）い 나쁘다 N5

運（うん）が ___ 。
운이 나쁘다.

536 安（やす）い 싸다 N5

りんごが ___ 。
사과가 싸다.

537 速（はや）い 빠르다 N5

飛行機（ひこうき）が ___ 。
비행기가 빠르다.

538 遅（おそ）い 늦다 N5

仕事（しごと）が ___ 。
일이 느리다.

539 重（おも）い 무겁다 N5

かばんが ___ 。
가방이 무겁다.

540 軽（かる）い 가볍다 N5

荷物（にもつ）が ___ 。
짐이 가볍다.

541	強(つよ)い	세다 (N5)	力が ___。 힘이 세다.
542	弱(よわ)い	약하다 (N5)	体が ___。 몸이 약하다.
543	うれしい	기쁘다 (N4)	会って ___。 만나서 기쁘다.
544	遠(とお)い	멀다 (N5)	家から ___。 집에서 멀다.
545	近(ちか)い	가깝다 (N5)	駅が ___。 역이 가깝다.
546	易(やさ)しい	쉽다 (N4)	___ 問題(もんだい)。 쉬운 문제.
547	難(むずか)しい	어렵다 (N5)	試験(しけん)が ___。 시험이 어렵다.

548 新しい (あたらしい) — 새롭다 — N5

🖉 ＿＿＿＿ 靴(くつ)。
새 신발.

549 古い (ふるい) — 오래되다 — N5

家(いえ)が ＿＿＿＿。
집이 오래되다.

550 寒い (さむい) — 춥다 — N5

冬(ふゆ)は ＿＿＿＿。
겨울은 춥다.

551 暑い (あつい) — 덥다 — N5

＿＿＿＿ 夏(なつ)。
더운 여름.

552 温かい (あたたかい) — 따뜻하다 — N3

＿＿＿＿ コーヒー。
따뜻한 커피.

553 涼しい (すずしい) — 시원하다 — N4

風(かぜ)が ＿＿＿＿。
바람이 시원하다.

554 太い (ふとい) — 굵다 — N4

声(こえ)が ＿＿＿＿。
목소리가 굵다.

| 555 | ほそ
細い | 가늘다 N4 |

<small>ゆび</small>
_____ 指。
가는 손가락.

| 556 | す
好きだ | 좋아하다 N5 |

<small>うた</small>
歌が _____ 。
노래를 좋아한다.

| 557 | きら
嫌いだ | 싫어하다 N5 |

<small>さかな</small>
魚が _____ 。
생선을 싫어한다.

| 558 | | きれいだ | 깨끗하다 N5 |

<small>へ や</small>
部屋が _____ 。
방이 깨끗하다.

| 559 | きたな
汚い | 더럽다 N5 |

トイレが _____ 。
화장실이 더럽다.

| 560 | いそが
忙しい | 바쁘다 N5 |

<small>まいにち</small>
毎日 _____ 。
매일 바쁘다.

| 561 | ひま
暇だ | 한가하다 N5 |

<small>あした</small>
明日は _____ 。
내일은 한가하다.

자주 쓰는 부사

とても	아주, 매우		もう	이미, 벌써
よく	자주, 잘		ほとんど	거의
かなり	꽤, 상당히		ちょっと	좀, 조금
すぐ	곧, 바로		ゆっくり	천천히
特(とく)に	특히		すべて	모두
本当(ほんとう)に	정말로		いつも	언제나, 항상
必(かなら)ず	반드시		ときどき	때때로
少(すこ)し	조금		なるほど	과연
あまり	별로, 그다지		いろいろ	여러 가지
たぶん	아마		まったく	전혀
やっと	겨우		まさか	설마
ちょうど	꼭, 마침		まず	우선
やっぱり	역시		もちろん	물론
また	또, 다시		なぜ	왜
まだ	아직		もっと	더욱

자주 쓰는 접속사

일본어	한국어	일본어	한국어
そして	그리고	または	또는
それで	그래서	たまには	때로는
そこで	그래서	もし	만약
したがって	따라서	たとえば	예를 들면
だから	그러니까, 그렇기 때문에	とにかく	어쨌든
しかし	그러나	さて	그건 그렇고
ところが	그런데	つまり	결국
ところで	그런데(화제 전환)	実(じつ)は	실은
でも	그렇지만	では	그럼

미니 테스트

단어 암기 동영상을 보면서 복습하세요

1 빈칸에 들어갈 형용사를 적어 보세요.

1 날씨가 좋다   天気が _____

2 역이 가깝다   駅が _____

3 새 신발   _____ 靴

4 매일 바쁘다   毎日 _____

2 다음 뜻을 일본어로 써 보세요.

1 춥다 _____   2 덥다 _____

3 무겁다 _____   4 가볍다 _____

5 깨끗하다 _____   6 더럽다 _____

3 일본어와 우리말의 뜻을 알맞게 연결해 보세요.

1 好きだ ・   ① 오래되다

2 嫌いだ ・   ② 한가하다

3 古い ・   ③ 싫어하다

4 暇だ ・   ④ 좋아하다

---

1 1. いい 2. 近(ちか)い 3. 新(あたら)しい 4. 忙(いそが)しい   **2** 1. 寒(さむ)い 2. 暑(あつ)い 3. 重(おも)い
4. 軽(かる)い 5. きれいだ 6. 汚(きたな)い   **3** 1. ④ 2. ③ 3. ① 4. ②

Day 29

공부순서 ☐ MP3 듣기 ➡ ☐ 단어 암기 ➡ ☐ 예문 빈칸 채우기 ➡ ☐ 단어암기 동영상

가타카나어, 조사 이것만은 꼭!

🎧 MP3를 들어보세요

アイスクリーム 아이스크림

オートバイ 오토바이

カメラ 카메라

ケーキ 케이크

テレビ 텔레비전

プレゼント 선물

 **조사**

562 ～か　～까
あなたは会社員です＿＿。
당신은 회사원입니까?

563 ～は　～은/는
私＿＿韓国人です。
나는 한국인입니다.

564 ～が　～이/가
雨＿＿降っています。
비가 옵니다.

565 ～と　～와/과
友達＿＿話しています。
친구와 이야기하고 있어요.

566 ～も　～도
野球＿＿好きです。
야구도 좋아해요.

567 ～の　～의
日本＿＿ドラマを見ています。
일본 드라마를 보고 있어요.

568 ～を　～을/를
今、本＿＿読んでいます。
지금 책을 읽고 있습니다.

569 ～に	～에	本は机の上＿＿あります。 책은 책상 위에 있습니다.
570 ～しか	～밖에	冷蔵庫に卵＿＿ない。 냉장고에 계란밖에 없다.
571 ～だけ	～만, ～뿐	セールは今日＿＿です。 세일은 오늘뿐입니다.
572 ～で	～이고	姉は30歳＿＿先生です。 누나는 서른 살이고 선생님입니다.
573 ～で	～에서	図書館＿＿会いました。 도서관에서 만났습니다.
574 ～で	～으로	会社は車＿＿行きます。 회사는 차로 갑니다.
575 ～(な)ので	～때문에	病気＿＿学校を休みました。 아파서 학교를 쉬었습니다.

Hint 575 なので

 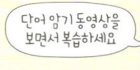 

アクセサリー	액세서리	サラダ	샐러드
アジア	아시아	サンダル	샌들
アナウンサー	아나운서	サンドイッチ	샌드위치
アフリカ	아프리카	スーツ	정장
アメリカ	미국	スーツケース	여행용 가방
アルバイト	아르바이트	スーパー	슈퍼
エスカレーター	에스컬레이터	スクリーン	스크린
オーバー	초과, 과장됨	ステーキ	스테이크
カーテン	커튼	タイプ	타입
ガス	가스	チェック	체크
ガソリン	휘발유	テニス	테니스
ガソリンスタンド	주유소	パパ	아빠
ガラス	유리	ピアノ	피아노
コンサート	콘서트	ビール	맥주
コンピューター	컴퓨터	レポート	리포트, 보고서

Day 29 가타카나어, 조사 이것만은 꼭!

Day 30
왕초보 필수 한자

| 上 | 음독 ジョウ / 훈독 うえ / あげる / のぼる | 上手(じょうず) 잘함
上(うえ) 위 ｜ 上(あ)げる 올리다 ｜ 上(のぼ)る 오르다 |

上
- 음독 ジョウ
- 훈독 うえ / あげる / のぼる

上手(じょうず) 잘함
上(うえ) 위 ｜ 上(あ)げる 올리다 ｜ 上(のぼ)る 오르다

下
- 음독 カ
- 훈독 した / おりる

地下鉄(ちかてつ) 지하철
下(した) 아래 ｜ 靴下(くつした) 양말

中
- 음독 チュウ
- 훈독 なか / うち

中学校(ちゅうがっこう) 중학교
中(なか) 안, 속 ｜ 背中(せなか) 등

前
- 음독 ゼン
- 훈독 まえ

午前(ごぜん) 오전
前(まえ) 앞, 전 ｜ 名前(なまえ) 이름

後
- 음독 ゴ / コウ
- 훈독 あと / うしろ

午後(ごご) 오후 ｜ 後悔(こうかい) 후회
後(あと) 뒤, 후 ｜ 後(うし)ろ 뒤, 뒤쪽

右
- 음독 ウ / ユウ
- 훈독 みぎ

左右(さゆう) 좌우
右(みぎ) 오른쪽

左
- 음독 サ
- 훈독 ひだり

左遷(させん) 좌천
左(ひだり) 왼쪽

東	음독 トウ / 훈독 ひがし	とうよう 東洋 동양 ひがし 東 동쪽
西	음독 セイ / サイ / 훈독 にし	せいよう とうざい 西洋 서양 ｜ 東西 동서 にし 西 서쪽
南	음독 ナン / 훈독 みなみ	なんきょく 南極 남극 みなみ 南 남쪽
北	음독 ボク / 훈독 きた	なんぼく 南北 남북 きた 北 북쪽
入	음독 ニュウ / ジュ / 훈독 いる / いれる / はいる	にゅういん 入院 입원 いりぐち はい 入口 입구 ｜ 入る 들어가다
出	음독 シュツ / 훈독 でる / だす	しゅっせき 出席 출석 で だ 出る 나가다 ｜ 出す 내다
大	음독 ダイ / タイ / 훈독 おおきい / おお	だいがく 大学 대학 おお おおぜい 大きい 크다 ｜ 大勢 많은 사람
小	음독 ショウ / 훈독 ちいさい	しょうがっこう 小学校 초등학교 ちい 小さい 작다
高	음독 コウ / 훈독 たかい / たか / たかめる	こうそく 高速 고속 たか たか 高い 높다, 크다 ｜ 高める 높이다

長	음독 チョウ / 훈독 ながい	課長(かちょう) 과장 / 長い(ながい) 길다
円	음독 エン / 훈독 まるい / まる	円(えん) 원, 엔 / 円い(まるい) 둥글다
白	음독 ハク / 훈독 しろい / しろ	明白(めいはく) 명백 / 白(しろ) 하양
人	음독 ジン / ニン / 훈독 ひと	外国人(がいこくじん) 외국인 ǀ 人形(にんぎょう) 인형 / 人(ひと) 사람
男	음독 ダン / ナン / 훈독 おとこ	男性(だんせい) 남성 ǀ 長男(ちょうなん) 장남 / 男(おとこ) 남자
女	음독 ジョ / ニョ / ニョウ / 훈독 おんな	長女(ちょうじょ) 장녀 ǀ 女房(にょうぼう) 마누라 / 女の子(おんなのこ) 여자아이
父	음독 フ / 훈독 ちち	父母(ふぼ) 부모 / 父(ちち) 아빠, 아버지
母	음독 ボ / 훈독 はは	祖母(そぼ) 조모 / 母(はは) 엄마, 어머니
子	음독 シ / ス / 훈독 こ	お菓子(おかし) 과자 ǀ 椅子(いす) 의자 / 男の子(おとこのこ) 남자아이

時	음독 ジ / 훈독 とき	時間(じかん) 시간 / 時時(ときどき) 때때로
間	음독 カン / ケン / 훈독 あいだ / ま	期間(きかん) 기간	世間(せけん) 세간, 세상 / 間(あいだ) 사이	昼間(ひるま) 낮
分	음독 ブン / フン / 훈독 わける / わかる	自分(じぶん) 자신 / 分(わ)ける 나누다	分(わ)かる 알다, 이해하다
半	음독 ハン / 훈독 なかば	半(はん) 반 / 半(なか)ば 반 정도
午	음독 ゴ / 훈독 うま	午後(ごご) 오후	午前(ごぜん) 오전
今	음독 コン / キン / 훈독 いま	今月(こんげつ) 이번 달	古今(ここん) 고금 / 今(いま) 지금
来	음독 ライ / 훈독 くる	来年(らいねん) 내년 / 来(く)る 오다
先	음독 セン / 훈독 さき / まず	先生(せんせい) 선생님 / 先(さき) 앞	先(ま)ず 우선, 먼저
年	음독 ネン / 훈독 とし	去年(きょねん) 작년 / 毎年(まいとし) 매년

月	음독 ゲツ / ガツ 훈독 つき	月曜日(げつようび) 월요일 ǀ 一月(いちがつ) 1월 毎月(まいつき) 매달
日	음독 ニチ / ジツ 훈독 ひ	祝日(しゅくじつ) 경축일 日(ひ) 날 ǀ 日曜日(にちようび) 일요일
毎	음독 マイ 훈독 ごと	毎週(まいしゅう) 매주 〜毎(ごと) 〜마다
天	음독 テン 훈독 あめ	天気(てんき) 날씨 天地(あめつち) 천지
土	음독 ド / ト 훈독 つち	土曜日(どようび) 토요일 ǀ 土地(とち) 토지 土(つち) 땅
水	음독 スイ 훈독 みず	水泳(すいえい) 수영 水(みず) 물
火	음독 カ 훈독 ひ	火事(かじ) 화재 火(ひ) 불
雨	음독 ウ 훈독 あめ	梅雨(ばいう/つゆ) 장마 雨(あめ) 비
山	음독 サン 훈독 やま	富士山(ふじさん) 후지산 ǀ 登山(とざん) 등산 山(やま) 산

川	음독 セン 훈독 かわ	河川 하천 川 강
木	음독 ボク / モク 훈독 き	土木 토목 ｜ 木曜日 목요일 木 나무
休	음독 キュウ 훈독 やすむ	休日 휴일 休む 쉬다 ｜ 夏休み 여름 방학
何	음독 カ 훈독 なに / なん	何 무엇 ｜ 何か 무언가 ｜ 何で 왜
名	음독 メイ / ミョウ 훈독 な	有名 유명 ｜ 本名 본명 名前 이름
外	음독 ガイ 훈독 そと / ほか / はずす	外国人 외국인 外 바깥 ｜ 外す 풀다, 빼다
国	음독 コク 훈독 くに	外国 외국 国 나라, 고향
行	음독 コウ 훈독 いく / ゆく / おこなう	銀行 은행 行く 가다 ｜ 行う 행하다
学	음독 ガク 훈독 まなぶ	学生 학생 学ぶ 배우다

校	음독 コウ / キョウ	高校 고교
本	음독 ホン 훈독 もと	本 책 ǀ 日本 일본 宮本 미야모토(지명)
友	음독 ユウ 훈독 とも	親友 친한 벗 友達 친구
見	음독 ケン 훈독 みる / みえる / みせる	見物 구경 見る 보다 ǀ 見える 보이다 ǀ 見せる 보여주다
書	음독 ショ 훈독 かく	辞書 사전 ǀ 図書館 도서관 書く 쓰다
聞	음독 ブン / モン 훈독 きく / きこえる	新聞 신문 ǀ 見聞 견문 聞く 듣다 ǀ 聞こえる 들리다
話	음독 ワ 훈독 はなす / はなし	会話 대화 話す 말하다
語	음독 ゴ 훈독 かたる	韓国語 한국어 語る 이야기하다
読	음독 ドク 훈독 よむ	読書 독서 読む 읽다

食	음독 ショク 훈독 くう / たべる	食事 식사 食う 먹다 ｜ 食べる 먹다
生	음독 セイ / ショウ 훈독 いきる / うまれる / うむ / なま	生命 생명 ｜ 一生 일생, 평생 生きる 살다 ｜ 生まれる 태어나다 生む 낳다 ｜ 生~ 생~
金	음독 キン / ゴン 훈독 かね	金属 금속 ｜ 黄金 황금 金 돈
車	음독 シャ 훈독 くるま	自動車 자동차 車 차, 수레
電	음독 デン	電気 전기
気	음독 キ / ケ	元気 기운, 건강 ｜ 気配 기미, 기색

스피드 인덱스

가

가격	098
가구	076, 100
가깝다	104, 184
가늘다	186
가다	011, 177
가렵다	123
가로	170
가르치다	018, 178
가방	092
가볍다	114, 183
가수	028, 142
가스	076, 193
가위	017
가을	061
가장자리	170
가정	073
가족	031, 034
가짜 상품	100
간단하다	021
간장	086
간호사	028, 120
갈색	090
(옷을) 갈아입다	013
갈아타다	106
감기	118, 120
감독	148
감자	082
값	098
강	069
강의	020
강하다	122
갖고 싶다	043
같은 반 친구	034
개	066
개구리	070
(옷 등을) 개다	014
(하늘이) 개다	060, 062
개미	070
개찰구	108
거기	170
거스름돈	098
거실	072, 074
거의	187
거짓말쟁이	052
거처하다	073
걱정하다	044
건강	122
건강진단	124
건너다	105
건물	073
건방지다	051
걷다	105, 178
걸다	157
걸리다	104
검사	124, 136
검색하다	160
검역	136
검정	090
겁쟁이다	052
겉	169, 170
겉면	170
게	083
게시판	017
겨우	187
겨울	061
겨울 방학	022
결국	188
결석하다	021
결승전	148
결정하다	128
결혼	054, 057
겸손하다	052
경기	148
경사짐	170
경솔하다	052
경쟁	147
경제학	019
경찰관	024
경치	127, 130
경험	128
곁	170
계단	076
계란말이	078
계산	165
계산하다	165
계속하다	141
계약	028
계절	061
계좌	112
계좌이체	112
계획	128
고구마	082
고기	080
고등어	083
고등학교	022
고르다	099
고속도로	108
고양이	066
고장	152
고장 내다	154
고쳐지다	154
고춧가루	086
고층 아파트	076
고치다	152
고통스럽다	046
곤란하다	044
곧	187
골	148
골인	148
골프	144, 148
곰	070
곱셈	165
곱하다	165
공	145
공무원	028
공부하다	010, 013
공손하다	049
공중전화	160
공학	019

공항	132, 133	국가 번호	160	금메달	148
공항 종합 청사	136	국내	129	금색	090
공항 터미널	136	국내선	136	금속 탐지기	136
과묵하다	052	국내 여행	130	금액	112
과식	080	국사	019	금요일	175
과연	187	국어	019	급료	026
과일	080	국제선	136	급행	108
과장됨	193	국제 전화	160	긍정적이다	052
과학	019	국제 특급 우편	116	기가 세다	052
관광	132, 135	국화	070	기념품	130
관광객	130	굵다	185	기능	159
관광 명소	130	굽 높은 구두	094	기다리다	179
관광지	130	귀	036, 040	기둥	076
관리하다	153	귀가 울리다	121	기르다	068
관심	142	귀걸이	094	기말고사	022
관제탑	136	귀엽다	039	기모노	094
광열비	076	귀퉁이	170	기미	040
괜찮다	122	규칙	148	기뻐하다	043
괴롭다	046	귤	082	기쁘다	042, 043, 184
교과서	016	그건 그렇고	188	기숙사	022
교수	028	그다지	187	기억하다	021
교실	018	그래서	188	기업	028
교육	022	그러나	188	기온	062
교제하다	057	그러니까	188	기운	121
교차점	105	그런데	188	기운이 없다	121
교통	103	그럼	188	기장	136
교통비	108	그렇기 때문에	188	기절하다	121
교통사고	108	그렇지만	188	기종 변경	160
교통수단	103	그리고	188	기차	107
교환	100	그림	140	기침이 나다	121
교환하다	099	그림을 그리다	138	기타	139
교활하다	050	그림판	150	기호	159
구급차	107	그저께	172, 175	긴장하다	046
구두	090	그쪽	170	길	104
구름	063	극장	142	길다	040, 182
구부러지다	105	근무	028	길을 묻다	108
구석	170	근무하다	025	김	083
구역질이 나다	121	글자	159	깁스	124
구입하다	097	글자 깨짐	154	(옷의) 깃	094
국가	133	금고	112	깊숙한 곳	170

★ 스피드 인덱스 203

까마귀	070
깜짝 놀라다	046
깨끗하다	039, 186
(잠에서) 깨다	011
깨우다	014
깨지다	152
꺼지다	152
꺾어지다	122
꼭	187
꼼꼼하다	052
꽁치	083
꽃구경	064
꽃꽂이	142
꽃이 피다	064
꽉 끼다	091
꽤	187
(구두, 운동화의) 끈	094
끈질기다	052
끊다	081, 158
끝	170
끝나다	021
(반지·시계·장갑을) 끼다	089

나

나	030
나가다	180
나누다	165
나눗셈	165
나라	133
나른하다	121
나무	068
나비	070
나쁘다	183
나오다	180
나이	056
나이 들다	058
나이프	086
낙엽	064
낙지	083
낚시	142
날다	068

날씨	061, 156
남기는 말	158
남동생	030, 032
남성	058
남자답다	040
남자아이	055
남자 친구	058
남쪽	169
납입하다	112
(병이) 낫다	121
낫토	078
낮	167
낮다	038, 182
낮잠을 자다	014
(아이·새끼·알을) 낳다	067
내과	119
내년	175
내리다	062, 103
내용물	116
내의	091
내일	172, 175
내후년	175
냄비	086
냉장고	100
냉정하다	051
넉넉하다	094
넓다	073
넣다	179
네트워크	150
넥타이	094
노랑	090
노래를 부르다	138, 141
노력하다	147
노선도	108
노인	054, 056, 058
노트	016
노트북	100, 154
노후	058
놀다	014
놀라다	042, 045
농구	144, 148
높다	038, 098, 182

(차·전철 등을) 놓치다	108
누나	030, 032
눈	064
눈(신체 부위)	036, 037
눈동자	040
눈물이 나오다	046
눈썹	040
눈이 오다	060
느리다	104
늘다	112, 113
늙다	058
늙은이	058
늠름하다	052
늦게	167
늦다	136, 183
늦잠 자다	014

다

다녀오다	014
다다음 달	175
다다음 주	175
다루다	116
다리	108
다림질하다	014
다시	187
다시 걸다	160
다운로드	152
다음	106
다음 달	175
다음 주	175
다정하다	049
다침	120
단독주택	076
단위	022
단점	051
단체 여행	130
단추	091
단풍	064
닫다	075, 152, 179
달	063
달걀	080

달다	086	동기	034	또	187
달리다	105, 178	동료	034	또는	188
닭	066	동메달	148	뛰다	105
닭고기	086	동물	067	뜨개질	142
담배	116	동서남북	169	뜨겁다	081
당근	082	동아리	022	뜰	074
당일치기	129	동아리 활동	022	띠	094
당황하다	046	동영상	154		
대답하다	019	동전	112		
대학교	022	동쪽	169	**라**	
대합실	136	동창회	022	라면	085
댄스	142	돼지	066	라이벌	148
더디다	136	돼지고기	086	러시아워	108
더럽다	186	된장국	078, 079	로션	092
더욱	187	두려워하다	046	룰	148
더하다	165	두통	124	리모델링	076
던지다	145	둘째 딸	034	리포트	022, 193
덜렁거리다	052	둘째 아들	034	립스틱	092
덥다	064, 185	뒤	169		
덧셈	165	드라마	140	**마**	
데우다	116	드라이브	142	마늘	082
데이터	151	듣다	012, 177	마당	074
데이트	058	(시간·비용이) 들다	104	마라톤	144, 148
뎀	123	들리다	157	(초목이) 마르다	069
도로	104, 108	들어가다	179	마비되다	121
도보 여행	142	들어오다	014	마스카라	092
도시락	110, 115	등	040	마시다	081, 176
도자기 공예	142	등기	116	마실 것	086
도장을 찍다	112	등록하다	160	마우스	154
도착	134	등산	142	마음	049
도착하다	114, 116	디자이너	028	마음에 들다	099
독감	124	따뜻하다	051, 064, 185	마중하다	134
독서	141	따라서	188	마취	124
독신 생활	076	딱 맞다	094	마침	187
독일	126	딸	033	막내	034
돈	097	딸기	082	막다른 곳	108
돈가스	085	땀	122	(전철의) 막차	108
돌아가다	012	때때로	187	만나다	058
돌아가시다	057	때로는	188	만두	084
돌아오다	012, 014, 180	떨어뜨리다	146	만약	188
동갑	034	떨어지다	069	만화	116
동급생	034	떼다	089	많다	182

말(동물)	066	명랑하다	052	문자	159		
말(언어)	160	명함을 건네다	028	문제없다	122		
말수가 적다	052	몇 개	165	문학	019		
말이 많다	051	몇 년	175	물	080, 083		
말하다	176, 177	몇 분	167	물건	097		
맑게 갬	064	몇 시	167	물건을 삼	097		
(하늘이) 맑다	060, 062	몇 월	175	물고기	067		
맑음	064	모기	070	물론	187		
맛	081	모난 귀퉁이	170	물리	019		
맛있다	086	모니터	154	물품	097		
맛집	130	모두	098, 187	뭐든지 있다	116		
맞게 가다	167	모레	172, 175	뮤지컬	142		
맞벌이	028	모으다	113	뮤직	156		
맞은편	170	(돈·재산이) 모이다	112	미국	126, 193		
맞이하다	134	모퉁이	170	미소 짓다	046		
맡기다	113	목	036, 040	미술	019		
맡다	112	목걸이	094	미식가	130		
매니큐어	092	목구멍	040	미역	083		
매우	187	목소리	068, 157	미용사	024		
매우 좋아하다	142	목요일	175	미워하다	046		
매장	099	목욕	074	미팅	058		
맥주	083, 193	목욕하다	014	민들레	070		
맵다	086	목적	135				
머리	036, 037	몸	037	**바**			
머리카락	038	몸무게	039				
먹다	012, 176	무	082	바꾸다	099		
먹을 것	086	무겁다	114, 183	바나나	082		
멀다	104, 184	무게를 재다	116	바느질	142		
멈추다	105, 108	무대	142	바닥	076		
멋있다	039	무덤	058	바람	063		
멋쟁이	094	무덥다	064	바람을 피우다	058		
멋지다	039	무례하다	052	바람이 불다	060		
메모	027	무료하다	046	바로	187		
메모장	150	무섭다	044	바쁘다	026, 186		
메밀국수	085	무승부	148	바이러스	124		
메시지	156, 158	무지개	064	바지	089, 094		
메일	156	묵다	127	박수	142		
멜론	082	문	072, 075	밖	169		
며느리	034	문구	100	반드시	187		
며칠	175	문서	150	반소매	094		
면세점	135	문서 작성	154	반지	092		
면접	028	문어	083	반찬	079		

반품	100	벌써	187	부상	120		
받는 사람	116	벗다	089	부속	154		
받다	180	벚꽃	064, 070	부수다	154		
발	036, 038	베란다	076	부식	079		
발견되다	136	베이지	090	부엌	072, 074		
발표하다	019	벨 소리	160	부엌 용품	100		
밝다	048, 050, 063	벨트	094	부자	110, 111		
밤	167	벽	076	부재	160		
밤나무	070	변경	128	부재중 전화	158, 160		
밤늦게까지 깨어 있다	014	변비	124	부정적이다	052		
밤샘	014	변호사	028	부족하다	112		
밥	078, 079	별	063	부추	094		
밥을 남기다	086	별로	187	북쪽	169		
밥을 먹다	010	병	120	분	167		
방	074	병문안	124	분하다	045		
방귀	124	병원	118, 119	불꽃(놀이)	064		
방향을 돌다	105	보고서	022, 193	불다	063		
배(신체 부위)	036, 040	보관하다	112	불쌍하다	046		
배(과일)	082	보내는 사람	116	불안하다	044		
배(교통수단)	102, 107	보내다	027, 116	불에 굽다	081		
배구	148	보너스	028	불을 켜다	086		
배꼽	040	보다	012, 177	붓다	124		
배낭	130	보라	090	붙이다	114		
배낭여행	130	보석	100	브래지어	094		
배달	100	보육원	022	브로콜리	082		
배드민턴	148	보조개	040	블라우스	091		
배려심이 있다	052	복수 전공	022	블로그	154		
배우다	020, 178	복숭아	082	비	062		
배웅하다	134	복습	022	비가 오다	060		
배추	082	복장	094	비겁하다	052		
배터리가 떨어지다	160	복통	124	비기다	148		
배편	116	붉다	081, 086	비둘기	070		
백화점	099	볼	040	비디오	156		
뱀	070	봄	061	비밀번호	112		
뱃멀미	130	봉투	114	비상구	136		
버릇없다	052	부끄럽다	045	비슷함	170		
버섯	082	부동산 (중개업소)	076	비싸다	098, 182		
버스	102, 107	부러지다	122	비염	124		
버스 정류장	106	부럽다	046	비자	136		
번개	064	부르다	020	비행기	102, 107, 132, 133		
벌	070	부모	031, 034	빈혈	124		
벌레	067	부부	033	빌딩	076		

빌리다	180	상의	091	설마	187
빙수	064	상처	118, 123	설명하다	027
빠르다	104, 183	상태	120	설사	124
빠져 있다	142	상품	100	설정	158
빨강	090	상행	108	설탕	086
빨래	013	새	067	성게	083
빵	079	새롭다	185	성격	049
빼다	089, 165	새벽	167	성미가 급하다	052
뺄셈	165	새우	083	성실하다	048, 049
		색	090	성인	054, 056
		색깔	090	성장	058

사

사거리	105	색종이	017	성장하다	057
사과	082	샌드위치	193	성적	022
사귀다	057	샌들	094, 193	성품	052
사다	097, 180	샐러드	193	성형외과	119
사랑하다	057	샘나다	046	세계	136
사슴	070	생선	067, 078	세계사	019
사위	034	생존하다	057	세다	122, 165, 184
사이즈	090	생활하다	058	세로	170
사이트	154	샤브샤브	085	세우다	105
사인	111	샤워	012	세탁	013
사자	070	서다	178	세탁기	100
사전	019	서두르다	104	센터	170
사직	028	서랍	076	셔츠	090
사진	140, 156	서류	025	소	066
사진을 찍다	130	서명	111	소고기	086
사촌	034	서예	142	소고기덮밥	084
사춘기	058	서쪽	169	소극적이다	052
사표를 내다	028	서클 활동	022	소금	086
사회	019, 142	서투르다	141	소나기	064
삭제	154	서툴다	148	소나무	070
산	069	선글라스	094	소년	055
산부인과	119	선물	100, 190	소독	124
살다	057, 058, 073	선박 여행	130	소리	068
살이 빠지다	039	선배	033	소리가 나다	157
살찌다	039	선생님	024	소방관	024
삶다	086	선선하다	064	소방차	107
삼각김밥	084	선수	147	소비세	100
상냥하다	049	선인장	070	소아과	119
상당히	187	선택하다	099	소주	083
상대(방)	147	선편	116	소포	116
		선풍기	064, 100	소풍	022

소화 불량	124	숙제	018	시시하다	045		
속	169, 170	순번	111	시아버지	034		
속달	116	순진하다	050	시어머니	034		
속옷	091	숟가락	079	시원하다	064, 185		
속이 쓰리다	121	술	081, 116	시작되다	021		
손	036, 038	숨이 차다	121	시장	099		
손가락	036, 040	숲	069	시차병	136		
손녀	034	쉬다	014	시합	146		
손님	099	쉽다	021, 184	시험	020		
손자	034	슈트케이스	136	식당	022		
손톱을 자르다	040	슈퍼	193	식료품	086		
솔직하다	050, 052	스니커즈	094	식물	067		
송금	112	스마트폰	160	식사	081		
송신하다	154	스웨터	091	식중독	124		
쇼핑	097	스카치테이프	017	식초	086		
수다쟁이다	051	스카프	094	식탁	075		
수당	028	스캐너	154	식품	100		
수도	076	스커트	090	신고하다	116		
수레	103	스케줄	028	(신발을) 신다	089		
수리	153	스크린	193	신랑	034		
수면	014	스키야키	085	신발	090		
수박	082	스킨	092	신사복	094		
수비	148	스타일	092	신용 카드	100		
수속	133	스타킹	094	신장	038		
수수료	112	스테이크	193	신중하다	052		
수술	124	스팸 메일	154	신체	037		
수신 거부	160	스포츠	145	신칸센	108		
(휴대폰) 수신 벨소리	160	스피커	154	신호(등)	105		
수신하다	154	슬퍼하다	046	신혼여행	130		
수업	020	슬프다	042, 044	실내복	091		
수염	040	승강장	108	실망하다	046		
수영	144, 146, 148	승리하다	146	실은	188		
수영복	091	승무원	136	싫어하다	044, 186		
수영장	146	승진	028	싫증나다	046		
수요일	175	시	167	심다	069		
수집	142	시간	167	심리학	019		
수취인	116	시간에 맞게 대다	167	심술궂다	052		
수학	019	(버스 등의 운행) 시간표	108	심판	148		
수학여행	022, 130	시계	156	싸다	098, 183		
수화기	160	시금치	082	싸움	058		
수화물	136	시다	086	쌀	086		
숙박하다	127, 128	시들다	069	쌀쌀하다	064		

★ 스피드 인덱스 209

쌍꺼풀	040	알다	020	언제나	187
쓰다	086, 177	알레르기	123	얼굴	036, 037
쓰레기통	076	알리다	027, 158	얼마	097, 165
쓸쓸하다	044	암	124	엄격하다	048, 049
씩씩하다	052	앞	169	엄하다	048, 049
씻다	010, 011, 176	애니메이션	140	업무	025
		애인	033	없어지다	152
아		애플리케이션	160	에스컬레이터	193
		액세서리	092, 193	에어컨	064, 100
아기	054, 055	앱	160	엔(화폐 단위)	097
아나운서	193	야경	130	여객기	136
아내	034	야구	144, 145, 148	여관	127
아는 사람	034	야근	026	여권	132, 133
아들	033	야채	080	여기	170
아래	169	야키소바	085	여동생	030, 032
아르바이트	027, 193	(일본식) 야채 절임	078	여러 가지	187
아마	187	약	118, 121	여름	061
아버지	030, 031	약국	124	여름 방학	022
아빠	193	약하다	122, 184	여보세요	158
아시아	193	약혼	058	여성	058
아이	032, 054	얌전하다	050	여성복	094
아이보리	090	양말	091	여성스럽다	040
아이섀도	092	양배추	082	여위다	039
아이스크림	190	양복	091	여자아이	055
아주 싫어하다	046	양식	092	여자 친구	058
아주 좋아하다	046	양치질하다	011	여행	127, 130
아주	187	양친	031	여행 가방	136, 193
아직	187	양파	082	여행사	130
아침	167	어깨	036, 040	여행지 선물(토산물)	129
아침 일찍	167	어느 쪽	170	역	103
아프다	120	어둡다	048, 050, 063	역사	019
아프리카	193	어디	170	역시	187
악기	139	어렵다	021, 184	연결되다	151
안	169	어른	054, 056	연고	124
안감	170	어리다	056	연구	022
안개	064	어리석다	052	연극	142
안과	119	어린이	032, 054	연락처	116
안내	134	어린이집	014	연락하다	027
안심이다	046	어머니	030, 031	연령	056
안쪽	170	어제	172, 175	연봉	028
앉다	179	어쨌든	188	연상	034
알	080	언니	030, 032	연 수입	028

210

연애	058	오징어	083	우체국	110, 113		
연어	083	오토바이	107, 190	우체통에 넣다	116		
연예인	028	오페라	142	우편물	116		
연인	033	오한이 나다	121	우편번호	116		
연주하다	139	오후	167	우편 요금	116		
연주회	142	온순하다	050	우표	113		
연중무휴	116	온천	129	욱신욱신하다	121		
연필	016	온화하다	050	운동	145		
연하	034	올림픽	148	운동복	091		
연하장	116	올해	175	운동선수	028		
열	118, 120	옮기다	106	운동회	022		
열다	075, 179	옷	089	운반하다	106		
열심히	147	옷차림새	094	운전	108		
열이 나다	121	와이셔츠	091	울다	042, 045		
열이 받다	046	와이파이(Wi-Fi)	154	(새·벌레가) 울다	068		
엽서	114	와인	083	울리다	157		
영국	126	왕복	134	웃다	042, 043		
영수증	100	왜	187	원	112		
영어	019	외과	119	원숭이	070		
영업	115	외국어	019	원피스	091		
영화	139	외국인	129	원하다	043		
영화관	142	외동딸	034	월급	026		
영화를 보다	138	외동아들	034	월드컵	148		
옆	170	외롭다	044	월세	076		
예금	112	외식	086	월요일	175		
예를 들면	188	외아들	034	위	169		
예쁘다	039	외우다	021	유리	193		
예술품	130	외투	193	유명하다	142		
예습	022	외향적이다	052	유언	058		
예약하다	127	왼쪽	169	유저	154		
예의 바르다	050	요가	148	유치원	022		
예정	028	요금	108	유카타	094		
오늘	172, 175	요리	013	유통기한	115		
오다	011, 177	요리를 만들다	086	육교	108		
(비·눈이) 오다	062	요리사	024	윤리	019		
오래되다	185	욕실	072, 074	융자	112		
오렌지	082	우동	085	으슬으슬 춥다	121		
오른쪽	169	우박	064	은메달	148		
오므라이스	084	우산	062	은색	090		
오빠	030, 032	우선	187	은퇴	058		
오이	082	우승	148	은행	110, 111		
오전	167	우유	083	은행나무	070		

은행원	028	일기예보	062	자주	187
음료	086	일본어	019	자택	073
음식	086	일생	056	작년	175
음악	019, 139, 156	일어나다	010, 011, 176	작다	037, 182
음악을 듣다	010	일어나자마자	167	작동	154
응원	148	일요일	175	작문	019
의류	094	일정	127	작은 꾸러미	116
의사	024, 119	일찌감치	167	잔고	112
의자	016	일찍	167	잔액	112
이	040	일하다	025	잔업	026
이기다	146	읽다	012, 178	잘	187
이력서	028	임신	058	잘못 걸린 전화	160
이륙	136	입	036, 040	잘 못하다	141
이를 닦다	011	입구	108	잘생기다	039
이미	187	입국	136	잘하다	147
이번 달	175	입금하다	112	잘하지 못하다	148
이번 주	175	(바지·치마를) 입다	089	잠들다	014
이별하다	058	(옷을) 입다	011, 089, 179	잠자리	070
이불	076	입력	159	잡다	146
이비인후과	119	입술	040	잡지	116
이사	076	입원	119	장갑	094
이사하다	073	입장권	132, 134	장난감	100
이성적이다	052	입장료	142	장난 전화	160
이야기하다	176, 178	입학하다	018	장남	034
이어지다	151	잎	068	장녀	034
이자	112			장례식	058
이쪽	170			장마	060, 064
이체하다	112	**자**		장미	070
이탈리아	126	자	017	장소	128
이해하다	020	자기 앞	170	장신구	092
이혼	058	자다	010, 013, 176	장어	083
익히다	086	자동차	107	장점	051
인기	142	자라다	057	장학금	022
인사하다	012	자료	026	재료	086
인생	055	자르다	081, 158	재미없다	045
인출	112	자매	034	재미있다	043
인출하다	111	자수	142	재봉	142
인터넷	153	자신 있다	147	재작년	175
인플루엔자	124	자연	067	재킷	091
인형	140	자유 시간	130	저	030
일	025	자유 여행	130	저금	112
일가	034	자전거	102, 107	저기	170

212

저녁	167	정리	151	주스	083
저장하다	153	정리하다	013	주위	170
저쪽	170	정말로	187	주유소	106, 193
저축하다	113	정보	153	주제넘다	051
적극적이다	052	정보를 얻다	154	주차장	076
적금	112	정오	167	죽다	054, 057
적다	182	정원	072, 074	준비	081
적어지다	113	정장	193	준우승	148
전기	075	정종	083	줄다	113
전기밥솥	100	정중하다	049	중간	170
전등	076	정지하다	108	중간고사	022
전망	130	정하다	128	중국	126
전망대	130	정형외과	119	중년	058
전보	116	제멋대로다	052	중심	170
전부	098	제복	091	중앙	170
전송하다	134	제비	070	중학교	022
전언	158	조금	187	쥐	070
전원을 끄다	154	조끼	091	쥐다	146
전원을 넣다	154	조리다	086	즐겁다	043
전자 메일	153	조미료	086	즐기다	046, 148
전자 제품	100	조용하다	052	증가하다	113
전자레인지	100	조작	159	증오하다	046
전철	102, 107	조종사	136	지갑	092
전파	159	조카	034	지금	167
전하다	027, 158	조카딸	034	지긋지긋하다	046
전혀	187	졸업하다	018	지나다	167
전화	156, 157	좀	187	지난달	175
전화를 받다	160	좁다	073	지난주	175
전화번호	157	종료 버튼	160	지다	147
전화번호부	160	좋다	183	(꽃잎이) 지다	069
절망하다	046	좋아하다	043, 186	지도	106, 156
절차	133	좌석	136	지루하다	046
젊다	056	주다	180	지리	019
젊은이	056	주름	040	지불하다	098
점	040	주말	175	지붕	076
점원	100	주머니	094	지역 번호	160
점퍼	091	주먹밥	084	지우개	017
점포	116	주변	170	지인	034
접시	079	주부	028	지지난달	175
접히다	122	주사	118, 121	지지난주	175
젓가락	078, 079	주세요	098	지치다	026
정류장	108	주소	076, 153	지퍼	094

지하철	103	창문	072, 075	출입국 심사	136
진동	160	창쪽	136	출장	026
진동 모드	160	찾게 되다	136	춤	142
진찰	121	(예금을) 찾다	111	춤추다	141
질리다	046	(예금을) 찾음	112	춥다	064, 185
질병	120	채비	081	충전기	160
질투하다	046	채소	080	충치	123
짐	132, 134	채팅	154	취급하다	116
집	073	책	016	취미	139
집세	076	책상	016	취소	100, 128, 154
집안	034	책을 읽다	010	취직하다	025
집에 돌아가다	010	처방전	124	측정하다	116
집주인	076	천둥	064	치과	119
짓궂다	052	천정	076	치다	139, 145
짜다	086	천천히	187	치료	124
짝사랑	058	철야	014	치료되다	121
짝수	165	철학	019	치르다	098
짝퉁	100	첨부하다	154	치마	090
짧다	040, 182	첫사랑	058	치수	090
찍다	140	첫인상	040	치아	040
		청년	056	치우다	013
		청바지	091	친구	033, 034
차		청소	013	친절하다	048, 049
		청소기	100	친척	032
차	083	체온계	124	친한 벗	034
차(교통수단)	103	체육	019	칠판	017
차갑다	051	체중	039	침대	072, 074
차남	034	체크	193		
차녀	034	초	167	**카**	
차례	111	초과	193		
차멀미	130	초등학교	022	카레라이스	084
차분하다	052	초록	090	카메라	140, 156, 190
차이다	058	초밥	084	카트	136
착륙	136	초인종	076	카펫	076
착신	160	추억을 만들다	130	캔슬	128
참깨	086	축구	144, 145, 148	캘린더	156
참새	070	축제	064	커튼	072, 075, 193
참을성이 많다	052	출구	108	커플	058
참치	083	출국	136	커피	083
창	075	출근	026	컴퓨터	100, 150, 151, 193
창가	136	출발	133	컵	080
창고	076	출산	058	케이블	154
창구	111				

214

케이크	190	텔레비전	100, 190	평일	175
코	036, 037	토끼	070	포도	082
코끼리	070	토마토	082	포장하다	100
코너	170	토요일	175	포크	086
코스	129	토하다	124	표	108
코트	091	통장	111	풀	017
코피가 나다	121	통지표	022	풍경	127
콘서트	141, 193	통화 버튼	160	프랑스	126
콜라	083	통화 중	160	프러포즈	058
콩	082	퇴원	119	프리랜서	028
크기	090	퇴장	148	프린터	154
크다	037, 182	튀김	085	플랫폼	108
크루즈	130	트럭	107	피곤하다	026
크림	092	특급	108	(꽃이) 피다	069
큰딸	034	특히	187	피부과	119
큰아들	034	티켓	108, 132, 134	피아노	139, 193
클릭	151			피아노를 치다	138
키	038	**파**		피자	084
키보드	154	파	082	필통	017
키우다	068	파는 곳	099	핑크	090
		파랑	090		
타		파리	070	**하**	
타는 곳	108	파손되다	152	하늘	061
타다	103	파운데이션	092	하다	177
타인	034	파일	151	하드디스크	154
타입	040, 193	파트타이머	028	하양	090
타코야키	085	판다	070	하이킹	142
탁자	075	판매	135	하품	124
탄생	055	팔다	097, 180	하행	108
탈것	103	패하다	147	학교	018
탑승권	136	팬	141	학교에 가다	010
태양	064	팬티	094	학생	018
태어나다	055	팸플릿	130	학원	022
태우다	108	편리하다	116	학위	022
태풍	064	편의점	110, 114	학점	022
택배	116	편지	110, 113	한가하다	186
택시	102, 107	편집하다	160	한국어	019
터널	108	평범하다	052	한기가 들다	121
턱	040	평상복	091	한패	034
테니스	148, 193	평생	056	할머니	030, 031
테이블	072, 075	평온하다	050	할아버지	030, 031

할인	100	화장실	072,074	~마리	068
항공 우편	116	화장품	092	~만	192
항상	187	화장하다	040	~밖에	192
항해	130	화학	019	~뿐	192
해	056	확인하다	027	~에	192
해고되다	028	환불	100	~에서	192
해바라기	070	환승하다	106	~와/과	191
해외	135	환율	112	~으로	192
해외여행	130	환자	119	~은/는	191
핸드폰	157	환전	112	~을/를	191
햄버거	084	환하다	063	~의	191
행복하다	045	활발하다	052	~이/가	191
향수	092	활주로	136	~이고	192
허둥대다	046	회	084	~행	133
헤어지다	058	회계사	028	24시간	115
헤엄치다	146	회사	025	EMS	116
헬리콥터	107	회사원	028	PC	151
헬스장에 다니다	014	회색	090	TV를 보다	010
혀	040	회의	025		
현관	073	회화	142	★숫자	162~164
현금	100	후배	033	★시간	166
현금 인출 카드	112	후회하다	046	★날짜	173~174
현기증	124	훌륭하다	048,051		
혈압	124	휘발유	193		
혈액형	124	휴가	130		
형	030,032	휴가를 내다	028		
형제	031	휴대전화	157		
형편	120	휴식하다	014		
호랑이	070	휴지통	150		
호박	082	흐려지다	060,062		
호텔	127	흐리다	060,062		
혼자 삶	076	흐림	064		
홀수	165	흥미	142		
홈런	148	힘내다	147		
홈페이지	152				
화가	028	**기타**			
화나다	046	~교시	019		
화내다	042,045,046	~까	191		
화면	159	~대(차·기계가)	106		
화물	132,134	~도	191		
화상	123	~때문에	192		
화요일	175